Khalil Gibrans

KLEINES BUCH VOM GUTEN LEBEN

Weisheitsgeschichten,
die Herz und Seele berühren

Herausgegeben
von Neil Douglas-Klotz

Aus dem Englischen übertragen
von Jochen Winter

WILHELM HEYNE VERLAG
MÜNCHEN

Penguin Random House Verlagsgruppe FSC®-N001967

2. Auflage
Taschenbucherstausgabe 11/2021

Die Originalausgabe erschien 2018 unter dem Titel
*Kahlil Gibran's Little Book of Life, selected and introduced
by Neil Douglas-Klotz,* bei Hampton Roads Publishing Company, Inc.,
Charlottesville, U.S.A.
Copyright © 2019 der deutschsprachigen Ausgabe
by Lotos Verlag München,
in der Penguin Random House Verlagsgruppe GmbH,
Neumarkter Straße 28, 81673 München
Copyright © 2021 dieser Ausgabe by Wilhelm Heyne Verlag, München,
in der Penguin Random House Verlagsgruppe GmbH,
Neumarkter Straße 28, 81673 München
Alle Rechte sind vorbehalten. Printed in Germany.
Redaktion: Kristof Kurz
Umschlaggestaltung: Guter Punkt, München,
nach einer Idee von Christine Klell, Wien
Umschlagmotiv: »The Trumpeter« von
Bridgeman images © Rebecca Campbell
Satz: Satzwerk Huber, Germering
Druck und Bindung: GGP Media GmbH, Pößneck
ISBN 978-3-453-70426-8

www.heyne.de

Für alle Immigranten,
die zu neuen Kulturen und Zivilisationen beitragen.

Inhalt

Einleitung

Seit über achtzig Jahren zieren die wunderbaren Worte des libanesisch-amerikanischen Dichters Khalil Gibran vielerlei Zeugnisse – von Glückwunschkarten und Hochzeitseinladungen bis zu inspirierenden Wandbehängen und Firmenbroschüren mit motivierenden Sprüchen. Unter den Dichtern, deren Werke am meisten verkauft wurden, rangiert Gibran an dritter Stelle – hinter Shakespeare und Laotse, so heißt es. Anhand kurzer Auszüge, überwiegend seinem berühmten Buch *Der Prophet* entnommen, kennen ihn die meisten von uns als visionäre Stimme des Trostes, der Liebe und der Toleranz.

So großartig das ist – Khalil Gibrans Schaffen und Wirken geht doch weit darüber hinaus.

Diese Textsammlung mit dem Titel *Khalil Gibrans kleines Buch vom guten Leben* zielt darauf ab, einen neuen Blick auf Gibrans Worte und Weisheiten zu werfen, unter Berücksichtigung der wichtigsten Einflüsse auf sein Leben: die Kultur des Nahen Ostens, ein mystisches Naturverständnis und Spiritualität. Ohne Weiteres könnte man behaupten, dass der durchschnittliche Leser in seiner Epoche solch zentrale Aspekte des Werkes als fremdartig und rätselhaft empfunden haben muss, wohingegen sie nach Gibrans Auffassung die geradezu charakteristischen Merkmale jenes Kulturraumes bilden. Hundert Jahre später ist die verständnisvolle Annäherung an dieses Rätsel nicht mehr nur ein exotischer Zeitvertreib, sondern eine Frage des Überlebens schlechthin.

Das vorliegende Buch versammelt Gibrans Aussagen über das *Leben*. Für einen westlichen Leser bleibt dieser Begriff oft abstrakt. Meinen wir damit die Lebensspanne eines Menschen, den Ablauf alltäglicher Geschehnisse oder gar die philosophische Voraussetzung des Daseins? Wer oder was besitzt Leben? Einem Bewohner des Nahen Ostens aber erschließt der gleiche Begriff einen äußerst konkreten Sinn. Ob im Hebräisch der Bibel, im Aramäisch von Jesus oder dem literarischen Arabisch, in dem Gibran etliche seiner frühen Werke schrieb – stets bedeutet *Leben* nichts anderes als Lebensenergie und Vitalität. Entscheidend ist, wie jemand oder etwas diese Urkraft zum Ausdruck bringt, nicht wie er, sie oder es selbst in Erscheinung tritt. Die semitischen Sprachen kennzeichnen sich durch eine enge Verknüpfung zwischen *Leben* (arabisch *hayy*) und dem gebräuchlichen Wort für *Atem*; es ist also der Lebensatem, der überall in der Natur und im ganzen Universum zur Entfaltung kommt.

In der antiken hebräischen Tradition ist der »unnennbare Name« Gottes auf dieses Wort ebenso bezogen wie einer der »99 Schönen Namen« Gottes in der islamischen Tradition. Ob irdisches oder himmlisches Leben, zeitliches oder ewiges Leben, inneres oder äußeres Leben – für einen nahöstlichen Dichter und Mystiker wie Gibran ist es eine einzige Lebensenergie, die alles durchdringt, was wir sehen und fühlen oder uns auch nur vorstellen können.

Da Gibran bewusst Kategorien miteinander verbindet, die die meisten von uns als Gegensätze betrachten, haben einige Kritiker ihm vorgeworfen, das einfache literarische Mittel des Paradoxons auszunutzen, um künstlich Verwirrung zu stiften und damit seine Leser zu verblüffen. Licht und Dunkel, Innen und Außen, Gut und Böse jedoch nicht als Gegensätze, sondern als Ergänzungen zu begreifen, liegt im Wesen nahöstlicher Kultur und Philosophie. Wenn es hinter und in allem nur *ein* Leben gibt, dann sind wechselseitige Verbindungen gewissermaßen hinter jeder Ecke zu finden.

Nach Suheil Bushrui, einem seiner Biografen, war Gibran stark beeinflusst vom Mystizismus des andalusischen Sufis Muhyiuddin Ibn Arabi im 12. und 13. Jahrhundert. Seiner Idee der »Einheit des Seins« zufolge durchflutet die göttliche Wirklichkeit die gesamte Existenz und übersteigt doch alles, was wir wahrnehmen oder entdecken können. Darüber hinaus stellt Ibn Arabi zufolge das, was wir Leben nennen, eine Art fortschreitendes Experiment dar, durch welches die Größere Wirklichkeit (nah verwandt mit Gibrans »Größerer Seele«) nach und nach mehr über sich selbst erfährt – dank der Lebensreise jeder Pflanze, jedes Tieres, jedes Menschen, jedes Sterns und jeder Galaxie, wie auch einer zahllosen Reihe unsichtbarer Wesen.

Ein weiterer prägender Einfluss auf Gibran zeigt sich darin, dass er als Christ im Geist der Maroniten erzogen wurde – eine mit der römisch-katholischen Kirche verbündete Ostkirche, die sich aber, nicht zuletzt in der Liturgie, bis ins 18. Jahrhundert der syrischen Sprache bediente, ihrerseits verwandt mit dem gebürtigen Aramäisch von Jesus. Dr. Walid Phares, Generalsekretär der Weltunion der Maroniten, erklärt hierzu: »Die geschichtliche Identität des maronitischen Volkes ist im Aramäischen, Syrischen und Östlichen begründet. ... Maroniten, zumal jene nationalen Gemeinden, die über dreizehn Jahrhunderte im Libanongebirge und seinen Randbereichen lebten, haben ihre geschichtliche Identität bewahrt – trotz der Versuche von Regionalmächten einschließlich arabischer und osmanischer Reiche, ihnen eine fremde Identität aufzuzwingen.«

Diese Erziehung hatte zwei nachhaltige Wirkungen auf Gibrans Leben und Werk.

Erstens: Die aramäischen Kirchen sahen Jesus, den Propheten von Nazareth, seit jeher als menschliches Wesen, als leiblichen, nicht dogmatisch überhöhten Sohn Gottes, der sein Schicksal in einzigartiger Weise erfüllt und das göttliche Leben in eine Sprache fasst, die uns allen zugänglich ist. In diesem Sinn können wir alle »Kinder« Gottes werden, also der »Heiligen Einheit« (die wörtliche Übersetzung des aramäischen Begriffs für Gott, *Alaha*). In seinem Buch *Jesus The Son of Man* (Jesus Menschensohn) nimmt Gibran den gleichen Standpunkt ein. Auf sehr moderne Art erzählt es die Geschichte des Propheten aus den Blickwinkeln der vielen verschiedenen Personen, die ihn kannten, von denen einige in der Bibel erwähnt sind, andere nicht (etwa ein alter Schäfer, ein Astronom oder eine Nachbarin und Freundin Marias). Wenn wir ihren mannigfaltigen (und bisweilen widersprüchlichen) Ausführungen lauschen, wird deutlich, dass Jesus für Gibran keine Gestalt war, die von einem einzigen Glaubensbekenntnis vereinnahmt oder innerhalb der Mauern irgendeiner Kirche festgehalten werden konnte.

Nicht von ungefähr heißt es in einem der Texte der vorliegenden Auswahl:

Einmal alle hundert Jahre begegnet Jesus von Nazareth
dem Jesus des Christen
in einem Garten auf den Hügeln des Libanon.
Und lange sprechen sie miteinander.
Und jedes Mal geht Jesus von Nazareth fort
mit diesen Worten an Jesus den Christen:
»Mein Freund, ich fürchte, wir werden niemals,
niemals übereinstimmen.«

Zweitens: Gemäß der obigen Argumentation von Dr. Phares waren die Maroniten – und insbesondere Gibran – vom festen Glauben an die Selbstbestimmung des syrischen Volkes beseelt. Der Begriff *syrisch* wurde hier in kulturellem Zusammenhang verwendet, da die Staatsgrenzen von Syrien erst nach dem Ersten Weltkrieg ihre genaue Kontur erhielten. Gibran engagierte sich für diverse »syrische« Angelegenheiten schon während des Krieges, der ihm als günstige Gelegenheit für sein Volk erschien, sich vom korrupten Osmanischen Reich zu befreien. Wie viele seiner Zeitgenossen fühlte er sich betrogen vom 1916 geschlossenen Sykes-Picot-Abkommen, in dem die westlichen Siegermächte, auf eigenen Vorteil und Einflussnahme bedacht, den postosmanischen Nahen Osten in Nationalstaaten aufteilten. Mit den daraus resultierenden Folgen sind wir bis heute konfrontiert.

Gibrans tiefe Liebe zu seiner Heimat, sein unerschütterliches Vertrauen in die wesenhafte Güte des eigenen Volkes, seine enge Beziehung zu dessen Land und Natur schimmern durch viele der nachstehenden Werke hindurch. In einem davon, ursprünglich betitelt mit *To Young Americans of Syrian Origin* (An junge Amerikaner syrischer Herkunft) und 1926 veröffentlicht, schreibt Gibran:

> *Ich glaube, dass ihr zu Emerson und Whitman und James sagen könnt: »In meinen Adern fließt das Blut der Dichter und weisen Männer von einst, und es ist mein Wunsch, zu euch zu kommen und zu empfangen, aber ich werde nicht mit leeren Händen kommen.«*

Was die Herausgabe des Bandes betrifft, so gibt es keinen Zweifel, dass Gibran bei der Grammatik und Zeichensetzung von mehreren Personen geholfen wurde, speziell von seiner langjährigen Muse Mary Haskell. Da sich im Laufe der letzten hundert Jahre unsere Lesart ebenso geändert hat wie die Grammatik, schien es mir angebracht, zahlreiche Texte neu zu interpunktieren, Zeilen anders umzubrechen, um den Rhythmus von Gibrans Stimme für den modernen Leser noch stärker hervorzuheben.

Hinsichtlich Gibrans Verwendung geschlechtsspezifischer oder -unspezifischer Begriffe habe ich meistens einen freien Umgang damit gewählt. Oft bezeichnet der Autor Gott als »Er«, das Leben aber auch als »sie« und bezieht sich regelmäßig auf »Göttinnen«. Eine Ausnahme von diesem Verfahrens ist, dass ich anstelle von »mankind« (Menschengeschlecht) fast immer »humanity« (Menschheit) gesetzt habe. Das stört den Rhythmus von Gibrans Stimme nicht, entspricht eher dem zugrunde liegenden (und geschlechtsneutralen) arabischen Wort, an das er dachte, und ist besser geeignet, uns alle mit einzuschließen.

Bei der Textauswahl habe ich wohlbekannte Schriften von Gibran neben weniger bekannte gestellt, angeordnet nach seinen verschiedenen Ansichten über das Leben. Einige davon sind tröstlich und leicht zu verstehen, manche verwirrend, andere beunruhigend. Wie viele nahöstliche Mystiker scheint er gespürt zu haben, dass Phasen der Verwirrung oder der Unruhe genauso wichtig sind wie jene der Tröstung, damit Gleichgewicht und Heilung in sein eigenes, ziemlich chaotisches Leben wie auch das seiner Leser einkehren. Vielleicht trägt gerade diese Bereitschaft, *alle* Facetten des Lebens anzunehmen und gutzuheißen, zu der nie nachlassenden Anziehungskraft bei, die seine Werke bis heute auf uns ausüben.

Neil Douglas-Klotz
Fife, Schottland, im Juni 2017

1

Dem Leben der Natur lauschen

Indem wir uns Zeit nehmen,
der natürlichen Welt zu lauschen,
offenbart sich eine neue Dimension des Menschseins.
Es ist, als wäre die ganze Natur bereits in uns und erinnerte
an unsere Verbindung zu dem einen Leben,
das wir miteinander teilen.

Das Gesetz der Natur

Vor dem Thron der Freiheit erfreuen sich die Bäume an der ausgelassenen Brise, genießen die Strahlen der Sonne und den Lichtschein des Mondes.

Durch die Ohren der Freiheit flüstern die Vögel, und rings um die Freiheit flattern sie zur Musik der rieselnden Bäche.

Durch den ganzen Himmel der Freiheit verströmen die Blumen ihren Duft, und vor den Augen der Freiheit lächeln sie, wenn der Tag anbricht.

Alles auf Erden lebt nach dem Gesetz der Natur, und aus diesem Gesetz gehen der Ruhm und die Freude der Freiheit hervor.

Doch die Menschheit versagte sich diesen Reichtum, denn eigenmächtig erlegte sie der gottgegebenen Seele ein begrenztes und irdisches Gesetz auf.

Sie erdachte für sich strenge Regeln und errichtete ein enges und schmerzliches Gefängnis, aus dem sie ihre liebevollen Empfindungen und Sehnsüchte verbannte. Sie hob ein tiefes Grab aus und beerdigte darin ihr Herz und ihre Bestimmung.

Wenn Einzelne, den Weisungen der Seele folgend, ihren Rückzug aus der Gesellschaft erklären und damit gegen die herrschende Norm verstoßen, werden ihre Mitmenschen sagen, sie seien Aufrührer, die es verdient hätten, ins Exil geschickt zu werden, oder niederträchtige Kreaturen, denen nur eines zustehe, die Hinrichtung.

Werden die Menschen bis ans Ende aller Tage Sklaven der Abkapselung ihrer selbst bleiben?

Oder werden sie durch die vergehende Zeit befreit, um im Geist und für den Geist zu leben?

Werden sie unnachgiebig darauf beharren, rückwärtsgewandt zur Erde hinabzuschauen?

Oder werden sie die Augen zur Sonne richten, sodass sie inmitten der Schädel und Dornen die Schatten ihrer Körper nicht mehr sehen?

Es sagte ein Grashalm

Es sagte ein Grashalm zu einem Herbstblatt: »Du machst im Fallen einen solchen Lärm! Du zerstreust alle meine Winterträume.«

Empört erwiderte das Blatt: »Du, von niedriger Geburt und am Boden hausend! Sangloses, mürrisches Ding! Du lebst nicht in der höheren Sphäre und weißt nichts von den Klängen des Gesangs.«

Dann legte das Herbstblatt sich nieder auf die Erde und schlief.

Als der Frühling kam, erwachte es wieder – und war nun ein Grashalm.

Und als dann der Herbst Einzug hielt, überall Blätter durch die Luft fielen und der Winterschlaf bevorstand, murmelte es vor sich hin: »O, diese Herbstblätter! Sie machen einen solchen Lärm! Sie zerstreuen alle meine Winterträume.«

Drei Hunde

Drei Hunde aalten sich in der Sonne und frönten dem Gespräch.

Verträumt sagte der erste Hund: »Es ist in der Tat wundersam, heute in der Welt der Hunde zu leben. Zieht nur einmal in Betracht, wie mühelos wir unter dem Meer, über die Erde, ja selbst durch den Himmel reisen. Und bedenkt kurz jene Erfindungen, die für die Behaglichkeit der Hunde gemacht wurden, sogar für unsere Augen, Ohren und Nasen.«

Daraufhin ergriff der zweite Hund das Wort: »Wir schenken den Künsten größere Aufmerksamkeit. Wir bellen den Mond rhythmischer an als unsere Vorfahren. Und wenn wir unser Spiegelbild im Wasser betrachten, sehen wir, dass unsere Merkmale deutlicher hervortreten, als es früher der Fall war.«

Schließlich erhob der dritte Hund die Stimme: »Aber was mich am meisten interessiert, ja völlig berückt, das ist dieses stille Einverständnis, das zwischen den Welten der Hunde besteht.«

In dem Moment blickten sie um sich, und siehe da, der Hundefänger kam.

Die drei Hunde sprangen auf und jagten die Straße hinunter.

Im Laufen keuchte der dritte Hund: »Um Himmels willen, rennt um euer Leben! Die Zivilisation ist hinter uns her!«

Schatten

Bei Sonnenaufgang betrachtete ein Fuchs seinen Schatten und sagte: »Heute werde ich zum Mittagessen ein Kamel verspeisen.«

So streifte er den ganzen Morgen umher und hielt Ausschau nach Kamelen.

Aber zur Mittagszeit sah er seinen Schatten erneut und sprach: »Eine Maus tut's auch.«

Gesang des Regens

Ich bin gesprenkelte Silberfäden,
von Göttern fallen gelassen aus dem Himmel.
Dann bedient sich meiner die Natur, um ihre Felder
    und Täler zu netzen.

Ich bin schöne Perlen,
von der Tochter der Morgenröte
aus Ischtars Krone gezupft, um die Gärten
    zu schmücken.

Wenn ich weine, lachen die Hügel.
Wenn ich mich zurückhalte, frohlocken die Blumen.
Wenn ich mich verabschiede, gerät alles in Hochstimmung.

Das Feld und die Wolke sind Liebende,
und zwischen ihnen bin ich ein Bote der Gnade.
Ich stille den Durst des einen,
ich heile das Leiden der anderen.

Die Stimme des Donners verkündet meine Ankunft.
Der Regenbogen verheißt meinen Aufbruch.
Ich bin wie das irdische Leben,

das am Fuße der tobenden Elemente beginnt
und unter den erhobenen Schwingen des Todes endet.

Ich tauche aus dem Herzen des Meeres auf
und steige mit der Brise empor.
Wenn ich ein dürstendes Feld sehe,
steige ich hinab und umfange
die Blumen und die Bäume
auf tausenderlei unscheinbare Weise.

Mit meinen zarten Fingern
berühre ich sacht die Fensterscheiben,
und meine Botschaft ist ein Willkommenslied.
Alle können es hören,
aber nur die Empfindsamen verstehen.

Die Hitze in der Luft bringt mich hervor,
dafür wiederum töte ich sie,
wie die Frau den Mann überwältigt
mit der Stärke, die sie aus ihm schöpft.

Ich bin der Seufzer des Meeres,
das Lachen des Feldes,
die Tränen des Himmels.

So auch in der Liebe –
Seufzer aus dem tiefen Meer der Zuneigung,
Lachen aus dem irisierenden Feld des Geistes,
Tränen aus dem endlosen Himmel der Erinnerungen.

Die Hyäne und das Krokodil

Am Ufer des Nils begegnete zur Abendzeit eine Hyäne einem Krokodil; beide hielten inne und begrüßten einander.

Die Hyäne hob an zu sprechen: »Wie war denn Ihr Tag heute, mein Herr?«

Das Krokodil räusperte sich und erwiderte: »Mir geht's schlecht. Manchmal weine ich vor Schmerz und Kummer, und dann sagen die anderen Lebewesen jedes Mal: ›Das sind doch bloß Krokodilstränen.‹ Dies verletzt mich so tief, dass ich keine Worte dafür finde.«

Daraufhin meinte die Hyäne: »Sie sprechen von Ihrem Schmerz und Ihrem Kummer, aber denken Sie für einen Augenblick auch an mich. Ich bestaune die Schönheit der Welt, ihre Geheimnisse und Wunder, und vor lauter Freude lache ich, selbst wenn der Tag lacht. Dann sagen die Bewohner des Dschungels: ›Es ist doch bloß das Lachen einer Hyäne.‹«

Zwei Austern

Eine Auster sagte zu ihrer Nachbarin: »Ich trage einen sehr großen Schmerz in mir. Er ist schwer und rund, und ich bin ganz verzweifelt.«

Hochmütig und selbstgefällig hielt die andere Auster dagegen: »Lob sei den Himmeln und dem Meer, ich trage keinen Schmerz in mir. Ich bin gesund und unversehrt, innen ebenso wie außen.«

In dem Moment kam ein Krebs vorbei, der die beiden Austern miteinander sprechen hörte. Der einen, die gesund und unversehrt war, innen ebenso wie außen, teilte er mit: »Ja, du bist gesund und unversehrt, aber der Schmerz, den deine Nachbarin in sich trägt, ist eine Perle von hinreißender Schönheit.«

Bäume sind Gedichte

Bäume sind Gedichte,
von der Erde an den Himmel geschrieben.
Wir fällen sie und
machen sie zu Papier,
um darauf unsere Leere festzuhalten.

Die Rote Erde

Ein Baum sprach zu einem Mann: »Meine Wurzeln reichen tief in die Rote Erde, und so werde ich dir von meinen Früchten geben.«

Darauf erwiderte der Mann dem Baum: »Wie ähnlich wir uns sind. Meine Wurzeln reichen ebenfalls in die Rote Erde. Sie gibt dir die Kraft, mir deine Früchte zu schenken, und mich lehrt sie, diese voller Dankbarkeit zu empfangen.«

Der Vollmond

In seiner Herrlichkeit stieg der Vollmond über die Stadt, und alle Hunde, die dort lebten, begannen ihn anzubellen.

Nur ein Hund bellte nicht, und mit ernster Stimme sagte er zu den anderen: »Weckt nicht die Stille aus ihrem Schlaf noch holt mit eurem Gebell den Mond auf die Erde herunter.«

Daraufhin versanken die Hunde in ehrfürchtiges Schweigen und hörten auf zu bellen.

Doch der Hund, der zu ihnen gesprochen hatte, bellte dann die ganze Nacht hindurch, um so an das Schweigen zu gemahnen.

Die Höchste Ameise

Drei Ameisen trafen sich auf der Nase eines Mannes, der in der Sonne schlief. Nachdem sie einander begrüßt hatten, jede nach den Sitten ihres Stammes, standen sie da und unterhielten sich.

Die erste Ameise sagte: »Diese Hügel und Ebenen sind die ödesten, die ich kenne. Den ganzen Tag habe ich nach irgendeiner Art von Samenkorn gesucht, aber kein einziges gefunden.«

Darauf erwiderte die zweite Ameise: »Auch ich habe nichts gefunden, obwohl ich jeden Schlupfwinkel, jede Lichtung durchstöbert habe. Meines Erachtens ist das der Ort, den mein Volk das weiche, bewegliche Land nennt, wo nichts wächst.«

Schließlich hob die dritte Ameise den Kopf und sagte: »Meine Freundinnen, wir stehen jetzt auf der Nase der Höchsten Ameise – die mächtige und unendliche Ameise, deren Körper so groß ist, dass wir ihn nicht sehen können, deren Schatten so riesig ist, dass wir ihm nicht folgen können, deren Stimme so laut ist, dass wir sie nicht hören können; und Sie ist allgegenwärtig.«

Als die dritte Ameise dies sprach, schauten sich die beiden anderen Ameisen an und lachten.

In dem Moment bewegte sich der Mann, hob im Schlaf die Hand, kratzte sich die Nase und zerdrückte dabei die drei Ameisen.

Der Granatapfel

Als ich einst im Innern eines Granatapfels lebte, hörte ich einen der Kerne sagen: »Eines Tages werde ich zum Baum, der Wind wird in meinem Geäst singen, die Sonne wird auf meinen Blättern tanzen, und ich werde während aller Jahreszeiten stark und schön sein.«

Hierauf erklärte ein anderer Kern: »Als ich so jung war wie du, vertrat auch ich solche Ansichten, aber nun, da ich die Dinge abwägen und ermessen kann, erkenne ich, dass meine Hoffnungen vergeblich waren.«

Ein dritter Kern pflichtete ihm bei: »Ich sehe nichts in uns, das eine großartige Zukunft verspricht.«

Doch ein vierter widersprach: »Was für eine Farce unser Leben wäre ohne größere Zukunft!«

Da warf ein fünfter ein: »Warum darüber streiten, was wir sein werden, wenn wir nicht einmal wissen, was wir sind?«

Ein sechster wiederum erwiderte: »Was immer wir sind, das werden wir weiterhin sein.«

Und ein siebter meinte: »Ich habe eine völlig klare Vorstellung davon, wie alles sein wird, kann sie aber nicht in Worte fassen.«

Schließlich redeten ein achter und ein neunter und ein zehnter, dann viele Kerne, bis alle durcheinanderredeten und ich in diesem Stimmengewirr nichts mehr unterscheiden konnte.

Also wechselte ich am selben Tag ins Innere einer Quitte, wo die Kerne spärlich sind und fast still.

Abgeschiedenheit

Die Abgeschiedenheit ist ein leiser Sturm,
der all unsere toten Äste abreißt.
Zugleich jedoch treibt er unsere lebendigen Wurzeln
tiefer ins lebendige Herz der lebendigen Erde.

Lebendiges Wasser

Und darin liegen meine Ehre und meine Belohnung:
dass ich, wann immer ich zum Brunnen komme,
   um zu trinken,
entdecke, wie durstig das lebendige Wasser selbst ist.
Es trinkt mich,
während ich es trinke.

Andere Meere

Ein Fisch sagte zum anderen Fisch: »Über diesem Meer, dem unseren, befindet sich ein weiteres Meer, in dem Geschöpfe schwimmen – und dort leben sie, genauso wie wir hier leben.«

Der andere Fisch erwiderte: »Reine Einbildung! Reine Einbildung! Du weißt doch, dass alles stirbt, was unser Meer auch nur um einen Zentimeter verlässt und nicht wieder zurückkehrt. Welchen Beweis hast du denn für andere Leben in anderen Meeren?«

Der Fluss

Im Tal von Kadisha*, durch das der mächtige Fluss rauscht, trafen sich zwei kleine Bäche und sprachen miteinander.

Der eine Bach fragte: »Wie bist du hierhergekommen, mein Freund, und wie war deine Reise?«

Darauf erwiderte der andere: »Meine Reise war äußerst beschwerlich. Das Mühlrad war zerbrochen, und der oberste Bauer, der mich gewöhnlich von meinem Kanal zu seinen Pflanzen leitete, ist gestorben. So quälte ich mich bergab und triefte in der Sonne vor abscheulicher Trägheit. Aber wie war deine Reise, mein Bruder?«

»Die meine war anders«, antwortete jener. »Zwischen duftenden Blumen und scheuen Weiden strömte ich über die Hügel talwärts. Männer und Frauen tranken von mir aus silbernen Bechern, kleine Kinder planschten mit ihren rosigen Füßen an meinen Ufern, und überall um mich war Lachen zu hören und lieblicher Gesang. Wie schade, dass deine Reise nicht so glücklich verlief!«

---

* Das Tal liegt südöstlich von Tripolis im nördlichen Libanongebirge. *Kadisha* oder *Qadischa* bedeutet auf Aramäisch »heilig«. Die zahlreichen natürlichen Höhlen im Tal waren seit der Altsteinzeit bewohnt und dienten christlichen und muslimischen Mystikern als Zufluchtsorte. 1998 wurde die Stätte von der UNESCO in das Weltkulturerbe aufgenommen. *Anm. d. Hrsg.*

In dem Moment sprach der Fluss mit lauter Stimme: »Kommt herein, kommt herein, wir fließen zum Meer! Kommt herein, kommt herein, hört auf zu reden. Seid jetzt bei mir. Wir fließen zum Meer. Kommt herein, kommt herein, denn in mir werdet ihr eure Wanderungen, ob traurig oder fröhlich, vergessen. Kommt herein, kommt herein! Gemeinsam werden wir all unsere Wege aus dem Gedächtnis löschen, sobald wir das Herz unserer Mutter erreichen – das Meer.«

Genügsamkeit und Sparsamkeit

Würde die Natur beachten,
was wir über die Genügsamkeit sagen,
würde kein Fluss das Meer suchen
und kein Winter zum Frühjahr werden.
Würde sie alles beachten,
was wir über die Sparsamkeit sagen –
wie viele von uns würden dann
diese Luft atmen?

Das Lotusherz

Ein Liebender und eine Geliebte zu der Zeit von Jesus ...

Eines Tages ruderten meine Geliebte und ich auf dem See des süßen Wassers. Und die Hügel des Libanon umfingen uns.

Wir trieben an Trauerweiden vorbei, und ihre Widerspiegelungen schimmerten tief um uns.

Während ich das Boot mit dem Ruder steuerte, nahm meine Geliebte ihre Laute und sang:

Welche Blume außer dem Lotus
kennt die Wasser und die Sonne?
Welches Herz außer dem Lotusherz
wird sowohl Erde als auch Himmel kennen?

Sieh, mein Liebster, die goldene Blume,
sie schwebt zwischen Tiefe und Höhe,
so wie du und ich inmitten einer Liebe schweben,
die immer schon war
und für immer sein wird.

Tauche dein Ruder ein, mein Liebster,
und lass mich meine Saiten berühren.
Folgen wir den Weiden,
ohne uns je von den Wasserlilien zu entfernen.

In Nazareth lebt ein Dichter,
und sein Herz gleicht dem Lotus.
Er hat die Seele der Frau besucht.
Er weiß, ihr Durst
entsteht aus dem Wasser,
und ihr Hunger verlangt nach der Sonne,
wiewohl alle ihre Lippen gesättigt sind.

Sie sagen, er gehe einher in Galiläa.
Ich sage, er rudert mit uns.
Kannst du sein Gesicht nicht sehen, Liebster?
Kannst du nicht sehen, wo die Weide sich beugt
und seinem Spiegelbild begegnet –
wie er sich bewegt im Takt unserer Bewegung?

Geliebter, es ist gut, die Jugend des Lebens zu kennen.
Es ist gut, seine singende Freude zu kennen.
Mögest du immer das Ruder halten
und ich meine besaitete Laute,
wo der Lotus lacht in der Sonne
und die Weide sich neigt zum Wasser
und seine Stimme erklingt auf meinen Saiten.

Tauche dein Ruder ein, Geliebter,
und lass mich meine Saiten berühren.
In Nazareth gibt es einen Dichter,
der uns beide kennt und liebt.
Tauche dein Ruder ein, mein Liebling,
und lass mich meine Saiten berühren.

Der Schatten

An einem Junitag sagte das Gras zum Schatten einer Ulme: »Du bewegst dich so oft nach links und nach rechts, dass du meinen Frieden störst.«

Daraufhin erwiderte der Schatten: »Nicht ich, nicht ich. Schau zum Himmel. Da ist ein Baum, der sich im Wind nach Osten und nach Westen biegt, zwischen der Sonne und der Erde.«

Das Gras schaute auf und erblickte zum ersten Mal den Baum. Insgeheim dachte es: *Na, so was, es gibt ein Gras, das größer ist als ich!*

Und das Gras versank in Schweigen.

Die Schlange und die Lerche

Es sagte die Schlange zur Lerche: »Du kannst zwar fliegen, aber nicht die Schlupfwinkel der Erde aufsuchen, durch die in vollkommener Stille der Saft des Lebens rinnt.«

»Oho«, erwiderte die Lerche, »du weißt so vieles. Ja, du bist noch klüger als all die Klugen. Schade nur, dass du nicht fliegen kannst.«

Als hätte sie es nicht gehört, fuhr die Schlange fort: »Du kannst weder die Geheimnisse der Tiefe sehen noch zwischen den Schätzen des verborgenen Reiches umherziehen. Erst gestern lag ich in einer Rubinhöhle. Sie ähnelt dem Innern eines reifen Granatapfels, wo selbst der schwächste Lichtstrahl in eine Flammenrose verwandelt wird. Wer außer mir kann solche Wunder schauen?«

»Niemand«, entgegnete die Lerche, »niemand außer dir kann sich inmitten der kristallinen Erinnerungen der Zeitalter aufhalten. Trotzdem schade, dass du nicht singen kannst.«

Die Schlange konterte: »Ich kenne eine Pflanze, deren Wurzel sich nach unten windet zu den Eingeweiden der Erde, und wer von dieser Wurzel isst, wird schöner und anmutiger sein als Astarte.«

»Niemand«, beharrte die Lerche, »niemand außer dir könnte die magischen Gedanken der Erde entschleiern. Doch leider kannst du nicht fliegen.«

»Unter einem Berg fließt ein purpurner Bach«, warf die Schlange ein, »und wer davon trinkt, wird unsterblich sein, gar wie die Götter. Gewiss kann kein Vogel noch irgendein anderes Tier jenen purpurnen Bach entdecken.«

Darauf gab die Lerche zurück: »Wenn du es willst, kannst du ewig leben, gar wie die Götter. Bedauerlicherweise aber kannst du nicht singen.«

»Nun«, meinte die Schlange, »ich kenne einen verschütteten Tempel, den ich einmal im Monat besuche. Ein vergessenes Geschlecht der Riesen hat ihn erbaut, und seinen Wänden sind die Geheimnisse von Raum und Zeit eingraviert. Wer sie liest, wird verstehen, was jedes Verstehen übersteigt.«

»Wahrlich«, bekräftigte die Lerche, »wenn du es wünschst, kannst du mit deinem geschmeidigen Körper alles Wissen von Raum und Zeit umschließen. Ein Jammer bloß, dass du nicht fliegen kannst.«

Angewidert wandte die Schlange sich ab, um in ihr Loch zu kriechen, und murmelte: »Hohlköpfige Zwitschertante!«

Die Lerche flog davon und sang: »Schade, dass du nicht singen kannst. Schade, schade, meine Kluge, dass du nicht fliegen kannst.«

Frösche: Über die Eigenart
der Ruhestörung

An einem Sommertag sagte ein Frosch zu seinem Kameraden: »Ich befürchte, diese Leute, die in dem Haus dort am Ufer wohnen, fühlen sich durch unsere nächtlichen Gesänge gestört.«

»Nun«, erwiderte der Kamerad, »ist es nicht so, dass sie tagsüber mit ihrem Gerede unsere Stille stören?«

»Vergessen wir nicht«, gab der erste Frosch zu bedenken, »dass wir in der Nacht vielleicht zu häufig singen«, worauf der andere trocken bemerkte: »Halten wir dennoch fest, dass sie den ganzen Tag zu viel schwatzen und herumschreien.«

»Aber was ist mit dem Ochsenfrosch, der mit seinem erbärmlichen Gedröhn die ganze Nachbarschaft belästigt?«

»Stimmt«, bemerkte sein Gegenüber, »und was sagst du über den Politiker, den Priester, den Wissenschaftler, die an unsere Ufer kommen und die Luft mit lauten und reimlosen Geräuschen füllen?«

»Gut«, meinte der erste Frosch, »dann wollen wir besser sein als diese menschlichen Wesen. Bleiben wir still des

Nachts und behalten unsere Gesänge im Herzen, auch wenn der Mond nach unserem Rhythmus verlangt und der Sternenhimmel nach unseren Reimen. Lass uns wenigstens für ein, zwei oder gar drei Nächte das Schweigen bewahren.«

Sein Kamerad nickte und erklärte: »Na schön, einverstanden. Wir werden sehen, was dein großzügiges Herz bewirkt.«

In dieser Nacht blieben die Frösche still, so auch in der folgenden wie in der übernächsten Nacht.

So unglaublich es klingt, doch an jenem dritten Morgen kam die gesprächige Frau, die in dem Haus am See lebte, herunter zum Frühstück und rief ihrem Mann zu: »Drei Nächte lang habe ich nicht geschlafen. Mit dem Geräusch der Frösche im Ohr fühlte ich mich in meinem Schlaf immer geborgen. Aber irgendwas muss passiert sein. Jetzt haben sie drei Nächte lang nicht gesungen, und ich werde fast verrückt vor Schlaflosigkeit.«

Der Frosch hörte dies, wandte sich seinem Kameraden zu und sagte augenzwinkernd: »Und wir wurden fast verrückt vor unserer Stille, nicht wahr?«

»Ja«, antwortete der andere, »die Stille der Nacht lastete schwer auf uns. Nun wird mir bewusst, dass wir unseren Gesang nicht aufzugeben brauchen für die Behaglichkeit derer, die ihre Leere mit Lärm ausfüllen müssen.«

Und in dieser Nacht verlangte der Mond ebenso wenig vergeblich nach ihrem Rhythmus wie der Sternenhimmel nach ihren Reimen.

Gesang der Blume

Ich bin ein liebes Wort, ausgesprochen und wiederholt
von der Stimme der Natur.

Ich bin ein Stern, aus blauem Himmelszelt
auf den grünen Teppich gefallen.

Ich bin die Tochter der Elemente,
mit welcher der Winter schwanger ging
und die der Frühling zur Welt brachte.
Im Schoß des Sommers wurde ich großgezogen,
und ich schlief im Bett des Herbstes.

Bei Tagesanbruch vereinige ich mich mit der Brise,
um die Ankunft des Lichts zu verkünden.
Zur Abendzeit schließe ich mich den Vögeln an,
um dem Licht Lebewohl zu sagen.

Die Ebenen sind geschmückt
mit meinen herrlichen Farben,
und die Luft ist parfümiert mit meinem Wohlgeruch.

Wenn ich in Schlaf sinke,
wachen die Augen der Nacht über mich,
und wenn ich mich morgens erhebe,
schaue ich gebannt zur Sonne,
dem einzigen Auge des Tages.

Ich trinke den Tau wie Wein
und lausche den Stimmen der Vögel
und tanze zum Rhythmus der Gräser,
die sich wiegen im Wind.

Ich bin das Geschenk des Liebenden.
Ich bin der Hochzeitskranz.
Ich bin die Erinnerung an einen Augenblick des Glücks.
Ich bin die letzte Gabe der Lebenden an die Toten.
Ich bin Teil der Freude und Teil der Trauer.

Doch blicke ich hoch nach oben, um nur Licht zu sehen,
und niemals nach unten, um meinen Schatten zu sehen.

Das ist die Weisheit, die zu lernen
der Menschheit aufgegeben.

Frühling im Libanon

Der Frühling ist überall schön, im Libanon jedoch am schönsten – ein Geist, der um die Erde zieht, über dem Libanon aber verweilt, der mit Königen und Propheten spricht, mit den Flüssen die Lieder Salomos singt, mit den heiligen Zedern des Libanon wieder und wieder die Erinnerung an uralten Ruhm weckt.

Beirut, frei vom Schlamm des Winters und dem Staub des Sommers, gleicht einer Braut im Frühling oder einer Nixe, die am Bachufer sitzt und ihre zarte Haut in den Strahlen der Sonne trocknet.

Westliche Dichter betrachten den Libanon als legendäres Land, vergessen seit dem Tod Davids, Salomos und der Propheten, genau wie durch Adams und Evas Fall der Garten Eden verloren ging.

Für jene Dichter ist das Wort *Libanon* ein poetischer Ausdruck, verbunden mit einem Berg, dessen Hänge durchdrungen sind vom Weihrauch der heiligen Zedern. Es gemahnt sie an die Tempel aus Kupfer und Marmor, die unerschütterlich und uneinnehmbar emporragen, oder an einen Sprung Rehe, die in den Tälern grasen.

In dieser Nacht sah ich mit den Augen eines Dichters den Libanon wie im Traum.

So wechseln die Erscheinungen der Dinge gemäß unseren Empfindungen.

Wir sehen Zauber und Schönheit in ihnen, während Zauber und Schönheit eigentlich in uns selbst sind.

2

Schönheit und der Gesang
des Lebens

Unsere Lebenskraft wächst in dem Maße,
wie wir unser Leben mit Schönheit anreichern,
in welcher Form wir sie auch wertschätzen.
Dann bewegt uns das Leben von innen her, auf dass wir
Schönheit hervorbringen und sie mit anderen teilen.

Der Sinn des Lebens

Wir leben nur, um Schönheit zu entdecken.
Alles andere ist eine Form des Wartens.

Singen

Wenn du, obzwar allein inmitten der Wüste,
von der Schönheit singst,
wirst du ein Publikum haben.

Ein großer Sänger ist, wer unser Schweigen singt.

Es heißt, die Nachtigall durchbohre
ihre Brust mit einem Dorn,
wenn sie ihr Liebeslied singt.
Das tun wir alle.
Wie sonst sollten wir singen?

Genie ist nichts anderes als das Lied eines Rotkehlchens
zu Beginn eines bedächtigen Frühlings.

Ein Verrückter ist nicht weniger ein Musiker
als du und ich;
bloß das Instrument, auf dem er spielt,
ist ein wenig verstimmt.

Wenn du singst,
hören dich die Hungrigen
mit ihren Mägen.

Geheimnisse der Schönheit
des Lebens

Die Stimme von Khalil, dem Häretiker:

Nutzlos sind die Überzeugungen und Lehren, welche die Menschheit unglücklich machen, und falsch ist die Güte, die in Trauer und Verzweiflung führt. Denn es ist das Ziel der Menschheit, auf dieser Erde glücklich zu sein, den Weg zur Seligkeit zu beschreiten und ihr Evangelium zu predigen, wohin sie auch geht.

Jene, die das Königreich des Himmels nicht in diesem Leben sehen, werden es im künftigen Leben niemals sehen.

Nicht aus dem Exil sind wir in dieses Leben getreten, kamen aber als Gottes unschuldige Geschöpfe, um zu lernen, wie man den heiligen, ewigen Geist verehrt, und um in uns selbst nach den verborgenen Geheimnissen zu suchen, die von der Schönheit des Lebens künden.

Das ist die Wahrheit, die ich gelernt habe aus den Lehren des Nazareners.

Das ist das Licht, das aus meinem Innern schien und mir die dunklen Winkel des Konvents zeigte, der mein Leben bedrohte.

Das ist das tiefe Geheimnis, das die herrlichen Täler und Felder mir offenbarten, als ich hungrig war, einsam im Schatten der Bäume saß und weinte.

Das ist die Religion, wie der Konvent sie weitergeben sollte, wie Gott sie wünschte, wie Jesus sie lehrte.

Der Dichter

Er ist ein Mittler zwischen
dieser Welt und der kommenden.
Er ist eine reine Quelle, aus der
alle durstigen Seelen trinken können.

Er ist ein Baum, gewässert vom Fluss
der Schönheit, gesegnet mit Früchten,
nach denen das hungrige Herz sich sehnt.

Er ist eine Nachtigall,
die mit ihren wunderbaren Melodien
den schwermütigen Geist besänftigt.

Er ist eine weiße Wolke,
die über dem Horizont erscheint,
aufsteigt und anwächst,
bis sie das Gesicht des Himmels bedeckt.
Dann fällt sie auf die Blumen,
in das Feld des Lebens,
und öffnet deren Blütenblätter,
damit das Licht in sie eindringe.

Er ist ein Engel,
gesandt von der Göttin,
um der Gottheit Evangelium zu predigen.

Er ist eine leuchtende Lampe,
unbesiegt von der Dunkelheit
und nicht auszulöschen durch den Wind.
Mit Öl gefüllt wird sie durch Ischtars Liebe
und entzündet von der Musik Apollons.

Er ist ein Einzelgänger,
gekleidet in Einfachheit und Liebenswürdigkeit.
Er sitzt auf dem Schoß der Natur,
um seine Inspiration anzulocken,
und bleibt wach in der Stille der Nacht,
in Erwartung des herabschwebenden Geistes.

Er ist ein Sämann,
der die Samen seines Herzens
in die Grasebenen der Zuneigung sät,
und die Menschheit bringt die Ernte ein,
um sich davon zu nähren.

Das ist der Dichter,
den die Menschen in diesem Leben geringschätzen
und der erst anerkannt wird,
wenn er sich verabschiedet von der irdischen Welt,
um zu seiner Laube im Himmel zurückzukehren.

Das ist der Dichter,
der von der Menschheit nichts erbittet
als ein Lächeln.
Das ist der Dichter,
dessen Geist emporstrebt
und das Firmament erfüllt
mit wunderbaren Sprüchen,
doch die Menschen versagen sich
seinen strahlenden Glanz.

Bis wann werden die Menschen in Schlaf versunken
  bleiben?
Bis wann werden sie weiterhin jene verherrlichen,
die Größe erlangen durch die Gunst der Stunde?
Wie lange werden sie jene missachten,
die ihnen ermöglichen, die Schönheit ihres Geistes
zu erkennen, Symbol des Friedens und der Liebe?

Bis wann werden Menschen
die Toten ehren und die Lebenden vergessen,
die ihr Dasein im Elend fristen
und sich selbst verzehren
wie brennende Kerzen, um den Weg zu erhellen
für die Unwissenden und sie
auf den Weg des Lichts zu führen?

Dichter, du bist das Leben dieses Lebens
und hast triumphiert über die Zeitalter,
trotz ihrer Härte, ihrer Schwere.

Dichter, eines Tages wirst du die Herzen regieren,
und daher hat dein Königreich kein Ende.

Dichter, untersuche deine Dornenkrone.
In ihr verborgen wirst du finden
einen knospenden Lorbeerkranz.

Kunst und Leben

Vier Dichter saßen um eine Punschschale, die auf dem Tisch stand.

Der erste Dichter ergriff das Wort: »Ich habe den Eindruck, mit meinem dritten Auge den Duft dieses Getränks im Raum schweben zu sehen wie einen Wolkenschleier aus Vögeln im Zauberwald.«

Der zweite Dichter hob den Kopf und sagte: »Mit meinem inneren Ohr kann ich diese Dunstvögel singen hören. Und ihre Melodie rührt mein Herz, so wie eine weiße Rose die Biene in ihren Blütenblättern einschließt.«

Der dritte Dichter senkte die Lider, streckte den Arm nach oben und erklärte: »Ich berühre die Vögel mit der Hand. Ich spüre ihre Flügel wie den Atem einer schlafenden Fee, der über meine Finger streicht.«

Daraufhin stand der vierte Dichter auf, hielt die Schale in die Höhe und sprach: »Ach, meine Freunde! Meine Sinne sind zu abgestumpft. Weder kann ich den Duft dieses Getränks sehen noch seinen Gesang hören oder seinen Flügelschlag spüren. Ich nehme nur das Getränk selbst wahr. Daher muss ich es jetzt trinken, auf dass es meine Sinne schärfe und mich zu euren wonnevollen Gipfeln emportrage.«

Er führte die Schale an seine Lippen und trank den Punsch bis zum letzten Tropfen aus.

Fassungslos starrten die drei Dichter den andern mit offenen Mündern an, und in ihren Augen funkelte ein dürstender, zugleich aber ganz unlyrischer Hass.

Vergnügen ist ein Freiheitslied

Vergnügen ist ein Freiheitslied,
aber nicht die Freiheit.
Es ist das Aufblühen eurer Sehnsüchte,
aber nicht ihre Frucht.
Es ist ein Ruf aus der Tiefe zur Höhe,
aber weder die Tiefe noch der Höhepunkt.

Es ist, was eingesperrt war und nun davonfliegt,
aber nicht der umspannte Raum.

Ja, wahrlich,
Vergnügen ist ein Freiheitslied.
Und gerne hätte ich, dass ihr es
aus ganzem Herzen singt.

Doch würde ich nicht wollen,
dass ihr im Singen verliert
eure Beherztheit und Tatkraft.

Singen

Gehe singend deinen Weg,
aber kurz sei jeder Gesang,
denn nur Gesänge, die jung auf deinen Lippen sterben,
werden fortleben in menschlichen Herzen.

Erzähle eine betörende Wahrheit in schlichten Worten,
aber niemals eine hässliche Wahrheit in irgendeinem
  Wort.
Erzähle der jungen Frau, deren Haar in der Sonne glänzt,
dass sie die Tochter des Morgens ist.
Aber solltest du einen Blinden erblicken,
dann sage ihm nicht, er sei der, den die Nacht bewohnt.

Vor dem Thron der Schönheit

An einem schweren Tag entfloh ich dem grimmigen Gesicht der Gesellschaft und dem schwindelerregenden Lärm der Stadt, um meine müden Schritte zum weiträumigen Tal zu lenken. Ich folgte dem lockenden Lauf des Rinnsals und den melodischen Lauten der Vögel, bis ich eine einsame Stelle erreichte, wo die herabsinkenden Äste der Bäume die Sonne daran hinderten, die Erde zu berühren.

Da stand ich, und alles entzückte meine Seele – meine dürstende Seele, die nichts als das Trugbild des Lebens statt seiner Anmut gesehen hatte.

Ich war tief in Gedanken versunken, und mein Geist schwebte am Himmel entlang, als mir plötzlich eine Huri* erschien – angetan mit Weinranken, die ihren nackten Körper teilweise bedeckten, und einem Mohnblumenkranz ums goldene Haar.

Mein Erstaunen bemerkend, grüßte sie mich mit den Worten: »Hab keine Angst vor mir. Ich bin die Nymphe des Dschungels.«

---

* Nach islamischem Glauben sind Huris Jungfrauen im Paradies, die sich der Seligen annehmen. *Anm. d. Übers.*

»Wie kann eine Schönheit wie die deine sich verpflichten, an solch einem Ort zu leben?«, fragte ich. »Bitte sag mir, wer du bist und woher du kommst.«

Würdevoll setzte sie sich ins grüne Gras und erwiderte: »Ich bin das Symbol der Natur! Ich bin die ewige Jungfrau, die deine Ahnen anbeteten; zu meiner Ehre errichteten sie Heiligtümer und Tempel in Baalbek und Al-Dschubail.«

»Aber diese Tempel und Heiligtümer«, wagte ich einzuwenden, »wurden verwüstet, und die Knochen meiner dir huldigenden Vorfahren haben sich vereint mit der Erde. Nichts blieb, um ihrer Göttin zu gedenken, außer erbärmlich wenigen, längst vergessenen Seiten im Buch der Geschichte.«

»Einige Göttinnen leben im Leben ihrer Anbeter und sterben mit ihrem Tod, während andere ein ewiges und unendliches Leben führen. Mein Leben wird erhalten von der Welt der Schönheit, die du überall dort wahrnehmen wirst, wo du deine Augen ruhen lässt, und diese Schönheit ist die Natur selbst. Sie kündet sich an in der Freude des Schäfers auf den Hügeln, in der Wonne eines Bauern bei der Feldarbeit, in der Inbrunst der ehrfürchtigen Stämme zwischen den Bergen und Tälern. Diese Schönheit erhebt den Weisen auf den Thron der Wahrheit.«

»Die Schönheit ist eine schreckliche Macht!«, rief ich.

»Menschen fürchten sich vor allem, sogar vor sich selbst. Du fürchtest dich vor dem Himmel, der Quelle des geistigen Friedens. Du fürchtest dich vor der Natur, der Oase der Ruhe und der Beschaulichkeit. Du fürchtest dich vor dem Gott der Güte und bezichtigst ihn des Zorns, obwohl er voller Liebe und Gnade ist.«

Nach einem tiefen Schweigen, in das sich süße Träume mischten, sagte ich: »Sprich mir von dieser Schönheit, die ein jeder nach seiner eigenen Auffassung interpretiert und definiert. Ich habe gesehen, dass sie auf unterschiedliche Weise verehrt und angebetet wird.«

»Schönheit ist das, was deine Seele anzieht und was zu geben begehrt statt zu nehmen. Wenn du der Schönheit begegnest, fühlst du, wie dein innerstes Wesen die Hände ausstreckt, um sie in den Bereich deines Herzens zu bringen. Sie ist eine Pracht, in der Freude und Trauer unauflöslich verbunden sind. Sie ist das Unsichtbare, das du siehst, das Unbestimmte, das du begreifst, das Unhörbare, das du hörst – das Allerheiligste, das in dir selbst beginnt und weit jenseits deiner irdischen Vorstellungskraft endet.«

Daraufhin näherte sich die Nymphe des Dschungels und legte mir ihre duftenden Hände auf die Augen. Nach einer Weile aber zog sie sich zurück, und ich fand mich allein im Tal wieder. Auf dem Heimweg zur Stadt, deren Hektik und Getöse mich nicht mehr bekümmerten, wiederholte ich die Worte der Nymphe: »Schönheit ist das, was deine Seele anzieht und was zu geben begehrt statt zu nehmen.«

Die Flöte

Gib mir die Ney* und singe
das geheime Lied des Seins,
ein Lied, dessen Widerhall anhält,
bis die Existenz erlischt.

Hast du, wie ich,
die Wildnis gewählt,
ein Haus ohne Begrenzungen?
Hast du dich leiten lassen vom Fluss
und hohe Felsen erstiegen,
dich in ihrem Duft gebadet,
dich in ihrem Licht getrocknet?
Hast du die Morgendämmerung getrunken
aus Bechern, angefüllt mit göttlicher Luft?

---

* Eine persische Flöte, gefertigt aus dem Hohlkörper des Schilfrohrs oder
Bambus, berühmt geworden in der Dichtung des Nahen Ostens durch einen
Hinweis in den Eingangsversen des *Mathnawi*, jenes poetischen Epos von
Dschalāl Rūmī aus dem 12. Jahrhundert. Dort vergleicht Rūmī das Schilfrohr, das aus dem Röhricht geschnitten und zu einer Flöte geschnitzt wird,
mit der Seele, die von der wahren Wirklichkeit, ihrer ursprünglichen Heimat,
abgetrennt wird und sich immerzu nach ihr sehnt. *Anm. d. Hrsg.*

Hast du, wie ich,
in der Abenddämmerung dich niedergelassen
inmitten jener glühenden Stille
der mit Trauben beladenen Reben?
Hast du des Nachts dich ins Gras gelegt
und den Himmel benutzt als deine Überdecke,
dein Herz der Zukunft geöffnet,
achtlos gegenüber der Vergangenheit?

Gib mir die Ney und singe
ein Lied in Einklang mit den Herzen.
Die Töne der Ney werden nachklingen
jenseits der Leiden und der Heilmittel.

Gib mir die Ney und singe,
denn die Menschen
sind nicht mehr als
Schemen, gezeichnet in Wasser.

Schönheit

Ein Dichter ergriff das Wort: »Sprich uns von der Schönheit!«

Und Al Mustafa erwiderte:

Wo wollt ihr die Schönheit suchen und wie sollt ihr sie finden, wenn sie nicht selbst euer Weg und eure Führerin ist?

Und wie wollt ihr von ihr sprechen, außer sie ist die Weberin eurer Rede?

Die Gekränkten und Verletzten sagen: »Die Schönheit ist freundlich und sanft. Wie eine junge Mutter, fast scheu vor ihrer Pracht, geht sie mitten unter uns.«

Und die Leidenschaftlichen erklären: »Nein, Schönheit hat etwas Mächtiges und Furchterregendes. Wie ein Sturm erschüttert sie die Erde unter uns und den Himmel über uns.«

Die Müden und Erschöpften wiederum behaupten: »Die Schönheit gleicht einem leisen Flüstern. Sie spricht in unserem Geist. Ihre Stimme fügt sich unserem Schweigen wie ein schwaches Licht, das zittert aus Angst vor dem Schatten.«

Doch die Ruhelosen betonen: »Wir haben sie in den Bergen laut rufen hören. Mit ihren Schreien kam das

Klappern der Hufe, das Schlagen der Flügel und das Gebrüll der Löwen.«

Nachts versichern die Wächter der Stadt: »Mit der Morgendämmerung wird die Schönheit von Osten her aufsteigen.«

Zur Mittagszeit berichten die Arbeiter und die Wanderer: »Wir haben beobachtet, wie sie sich aus den Fenstern des Sonnenuntergangs über die Erde lehnte.«

Im Winter erzählen die Eingeschneiten: »Sie wird mit dem Frühling kommen und auf die Hügel springen.«

Und in der Sommerhitze bekräftigen die Mäher: »Wir haben sie mit den Herbstblättern tanzen sehen und eine Schneewehe in ihrem Haar bemerkt.«

All diese Dinge habt ihr über die Schönheit geäußert, in Wahrheit aber nicht von ihr gesprochen, sondern von ungestillten Bedürfnissen.

Und Schönheit ist kein Bedürfnis, sondern ein Rausch.
Sie ist weder ein dürstender Mund noch eine leere
    ausgestreckte Hand,
sondern vielmehr ein entflammtes Herz und eine
    verzückte Seele.
Sie ist weder ein Bild, das ihr sehen, noch ein Lied,
    das ihr hören würdet,
sondern vornehmlich ein Bild, das ihr seht, obwohl ihr
    die Augen schließt,
und ein Lied, das ihr hört, obwohl ihr euch die
    Ohren zuhaltet.

Sie ist nicht der Saft in der gefurchten Rinde
noch ein an die Klaue gehefteter Flügel,
sondern vielmehr ein Garten, der immer in Blüte steht,
und eine Engelschar, deren Flug niemals endet.

Bewohner der Stadt Orphalese,
Schönheit ist Leben, wenn das Leben sein heiliges
    Gesicht entschleiert.
Aber ihr seid das Leben, und ihr seid der Schleier.
Schönheit ist Ewigkeit, die in einem Spiegel
    sich selbst betrachtet.
Aber ihr seid die Ewigkeit, und ihr seid der Spiegel.

Die Seele der Tänzerin

Einstmals kam zum Hof des Prinzen von Bqarqacha eine Tänzerin mit ihren Musikern. Sie wurde eingelassen und tanzte vor dem Prinzen zur Musik der Laute, der Flöte und der Zither.

Sie tanzte den Tanz der Flammen sowie den Tanz der Schwerter und Speere. Sie tanzte den Tanz der Sterne, dann den Tanz des Weltalls. Schließlich tanzte sie den Tanz der Blumen im Wind.

Danach stand sie vor dem Thron des Prinzen und verbeugte sich tief vor ihm.

Der Prinz bat sie, näher zu treten, und sagte zu ihr: »Schöne Frau, Tochter der Anmut und des Entzückens – woher kommt deine Kunst? Und wie geschieht es, dass du alle Elemente in deine Rhythmen und Reime bannst?«

Die Tänzerin verbeugte sich erneut vor dem Prinzen und erwiderte: »Mächtige und edle Majestät, ich kenne nicht die Antwort auf Eure Fragen. Nur eines weiß ich: Die Seele des Philosophen wohnt im Kopf, die Seele des Dichters ist im Herzen, die Seele des Sängers weilt in der Kehle, doch die Seele der Tänzerin lebt in ihrem ganzen Körper.«

Eine Stunde, der Schönheit und der Liebe gewidmet

Eine Stunde, dem Streben nach Schönheit und Liebe gewidmet, ist ein ganzes Jahrhundert der Ehre wert, wie die verängstigten Schwachen sie den Starken erweisen.

Dieser Stunde entspringt die Wahrheit des Menschengeschlechts. Und während jenes Jahrhunderts schläft die Wahrheit in den ruhelosen Armen verstörender Träume.

In dieser Stunde erkennt die Seele für sich selbst das natürliche Gesetz, und im Laufe jenes Jahrhunderts sperrt sie sich, gekettet an die Eisen der Unterdrückung, hinter den Gesetzen der Menschheit ein.

Diese Stunde war die Inspirationsquelle für das Hohelied Salomos, und jenes Jahrhundert barg die blinde Macht, die den Tempel von Baalbek zerstörte.

Diese Stunde war die Geburtsstätte der Bergpredigt, und jenes Jahrhundert legte in Trümmer die Festungen von Palmyra und den Turm von Babel.

Diese Stunde war der Beginn der Hedschra Mohammeds[*], und jenes Jahrhundert vergaß Allah, Golgatha und Sinai.

---

[*] Die Hedschra bezeichnet die im Jahr 622 erfolgte Auswanderung Mohammeds von Mekka nach Medina und damit den Beginn der islamischen Zeitrechnung. *Anm. d. Übers.*

Eine Stunde, dem Kummer und der Klage über die gestohlene Gleichheit der Schwachen gewidmet, ist edler als ein Jahrhundert, erfüllt von Habgier und widerrechtlicher Aneignung.

In genau dieser Stunde wird das Herz gereinigt durch die flammende Trauer und erleuchtet von der Fackel der Liebe.

Und in jenem Jahrhundert werden die Sehnsüchte nach Wahrheit im Schoß der Erde begraben.

Diese Stunde ist die Wurzel, die gedeihen und Blüten austreiben muss.

Diese Stunde ist die Stunde der Kontemplation, des Gebets und einer neuen Ära des Guten.

Und jenes Jahrhundert ist das Leben eines Nero, verbracht mit Eigennutz, der sich allein aus irdischem Stoff speist.

Das ist das Leben – äonenlang auf der Bühne dargestellt, jahrhundertelang auf der Erde aufgezeichnet, jahrelang in Fremdheit geführt, tagelang als Loblied gesungen, für nur eine Stunde verherrlicht –, doch die Stunde wird von der Ewigkeit wertgeschätzt wie ein Juwel.

3

Das Leben als Reise des Menschen

*Das tägliche Leben bietet die Gelegenheit,
etwas zu erfahren über die vielfältigen Weisen,
wie das Größere Leben sich durch uns zum Ausdruck bringt.
Die Reise des menschlichen Lebens offenbart seine ganz
eigenen, einzigartigen Drehungen und Wendungen.*

Euer tägliches Leben ist euer Tempel

Euer tägliches Leben ist euer Tempel und eure Religion. Nehmt, wann immer ihr ihn betretet, alles von euch mit.

Nehmt den Pflug und den Schmiedehammer, den Schlägel und die Laute – jene Dinge, die ihr gestaltet habt aus Notwendigkeit oder zum Vergnügen.

Denn in der Entrückung könnt ihr eure Leistungen nicht übertreffen noch eure Fehlschläge unterbieten.

Und nehmt alle Menschen mit –

denn in der Verehrung könnt ihr nicht mutig höher steigen als ihre Hoffnungen noch demütig tiefer sinken als ihre Verzweiflung.

Und solltet ihr Gott kennen, so seid deshalb keine Rätsellöser.

Schaut euch lieber um, schon werdet ihr Gott sehen, wie er mit euren Kindern spielt.

Und blickt auf zum Himmel –

Ihr werdet Gott in der Wolke gehen sehen,

die Arme ausgebreitet im Blitz,

um herabzufallen im Regen.

Ihr werdet Gott lächeln sehen in den Blumen,

dann emporschweben und winken in den Bäumen.

Tote Egos begraben

Als ich einmal gerade wieder eines meiner toten Egos begrub, ging der Totengräber vorbei und sagte zu mir: »Unter all denen, die hierherkommen, um zu begraben, mag ich allein dich.«

»Du erfreust mich über alle Maßen«, gab ich zurück, »aber warum magst du mich?«

»Weil die anderen weinend kommen und weinend gehen – nur du kommst lachend und gehst lachend.«

Ein Königreich aufgeben

Sie erzählten mir, in einem Wald zwischen den Bergen wohne in völliger Abgeschiedenheit ein junger Mann, der ehemals König eines weit ausgedehnten Landes jenseits der Zwei Flüsse* gewesen sei. Und sie fügten hinzu, er habe aus freien Stücken seinen Thron und das Land seines Ruhms verlassen und lebe seither in der Wildnis.

»Ich möchte diesen Mann aufsuchen«, erwiderte ich, »um die Geheimnisse seines Herzens zu erfahren. Denn wer auf sein Königreich verzichtet, muss größer sein als ein Königreich.«

Noch am selben Tag ging ich in jenen Wald, wo er wohnte, und fand ihn sitzend unter einer weißen Scheinzypresse vor. In seiner Hand hielt er ein Schilfrohr, als wäre es ein Zepter. Also grüßte ich ihn, wie ich einen König grüßen würde. Er wandte sich mir zu und fragte mit sanfter Stimme: »Was machst du in diesem Wald der heiteren Gelassenheit? Suchst du in den grünen Schatten ein verlorenes Selbst, oder ist es eine Heimkehr an deinem Lebensabend?«

---

* Euphrat und Tigris. *Anm d. Hrsg.*

»Ich suche nur dich – denn gerne würde ich wissen, was dich dazu bewogen hat, ein Königreich für einen Wald zu verlassen.«

»Meine Geschichte ist kurz, denn die Blase zerplatzte ganz plötzlich. Das geschah folgendermaßen: Eines Tages saß ich an einem Fenster meines Palastes, mein Haushofmeister und der Gesandte eines fremden Landes gingen im Garten umher. Als sie sich meinem Fenster näherten, sprach der Haushofmeister von sich und sagte: ›Ich bin wie der König. Ich dürste nach starkem Wein und hungere nach allen Arten von Glücksspiel. Und wie mein Herr, der König, habe ich heftige Gefühlsausbrüche.‹ Daraufhin verschwanden der Haushofmeister und der Gesandte zwischen den Bäumen. Doch nach wenigen Minuten kehrten sie zurück, und nun sprach der Haushofmeister von mir und sagte: ›Mein Herr, der König, ist wie ich – ein guter Bogenschütze –, und wie ich liebt er Musik und badet drei Mal am Tag.‹«

Einen Moment später fuhr er fort: »Am Abend jenes Tages verließ ich den Palast nur mit meiner Kleidung am Leib, denn nicht länger wollte ich Herrscher derer sein, die meine Laster übernehmen und mir ihre Tugenden zuschreiben.«

»Das ist in der Tat ein Wunder und überaus seltsam.«

»Nein, mein Freund, du hast an das Tor meines Schweigens geklopft und doch nur eine Belanglosigkeit erhalten. Denn wer würde nicht ein Königreich für einen Wald verlassen, wo die Jahreszeiten unaufhörlich singen und tanzen? Zahlreich sind diejenigen, die ihr Königreich für weniger als die Abgeschiedenheit und die süße Kameradschaft des Alleinseins aufgegeben haben. Zahllos sind die Adler, die aus den höheren Lüften herabschweben, um mit Maulwürfen zu leben, damit sie die Geheimnisse der Erde kennenlernen.

Es gibt solche, die auf das Königreich der Träume verzichten, sodass sie von den Traumlosen nicht mehr weit entfernt scheinen. Und wiederum weitere, die auf das Königreich der Nacktheit verzichten und ihre Seelen bedecken, damit andere sich nicht schämen, die unverhüllte Wahrheit und die entschleierte Schönheit zu sehen.

Größer als alle Genannten aber sind jene, die auf das Königreich der Trauer verzichten, damit sie nicht hochmütig und prahlerisch wirken.«

Dann stand er auf, lehnte sich an sein Schilfrohr und sagte: »Geh jetzt zu der großen Stadt, sitze vor ihrem Tor und beobachte alle, die in sie eintreten und die aus ihr herausgehen. Achte darauf, dass du denjenigen findest, der, wiewohl zum König geboren, ohne Königreich ist. Obendrein den, der, obzwar vom Fleisch beherrscht, im Geiste herrscht, wenngleich weder er noch seine Untertanen sich dessen bewusst sind. Schließlich auch den, der zu herrschen beansprucht, in Wahrheit jedoch Sklave seiner eigenen Sklaven ist.«

Nach dieser Rede lächelte er mir zu, und auf seinen Lippen lagen tausend Dämmerungen. Daraufhin drehte er sich um und wanderte davon, mitten hinein ins Innere des Waldes.

Ich kehrte zur Stadt zurück und setzte mich vor ihr Tor, um die Passanten zu beobachten, wie er es mir anempfohlen hatte.

Von jenem Tag bis zum heutigen sind die Schatten un-
zähliger Könige über mich gezogen, und gering sind die
Untertanen, über die mein Schatten zog.

Besitztümer

Was sind eure Besitztümer anderes
als Dinge, die ihr bewahrt und bewacht
aus Angst, ihr könntet deren morgen bedürfen?

Und morgen, was soll das Morgen
dem übervorsichtigen Hund bringen,
der, den Pilgern folgend zur heiligen Stadt,
seine Knochen im weglosen Sand vergräbt?

Und was ist die Angst vor der Bedürftigkeit anderes
als die Bedürftigkeit selbst?
Ist bei gefülltem Brunnen die Furcht vor dem Durst
nicht ein Durst, der nie gestillt werden kann?

Schatz

Grabe irgendwo in der Erde,
und du wirst einen Schatz finden.
Du musst nur graben
mit dem Glauben eines Bauern.

Der Wert der Zeit

Sie betrachten mich als verrückt, weil
ich meine Tage nicht für Gold verkaufen werde.
Und ich betrachte sie als verrückt, weil
sie denken, meine Tage hätten einen Preis.

Sie breiten ihre Reichtümer vor uns aus,
Gold und Silber, Elfenbein und Ebenholz,
und wir breiten vor ihnen aus
unsere Herzen und unseren Geist.

Dennoch betrachten sie sich
als die Gastgeber
und uns als die Gäste.

Mit Sinnen,
die ständig erneuert werden

Ein Philosoph beschreibt Jesus folgendermaßen:
Als er bei uns war, betrachtete er uns und unsere Welt mit Augen voller Staunen, denn seine Augen waren nicht verhüllt mit dem Schleier der Jahre; und alles, was er sah, war klar im Lichte seiner Jugend.

Obwohl er die Tiefen der Schönheit kannte, war er immerfort überrascht von ihrem Frieden und ihrer Würde. Und er stand vor der Erde, wie der erste Mensch am ersten Tag vor ihr gestanden hatte.

Wir, deren Sinne abgestumpft sind, wir schauen am helllichten Tag und sehen doch nicht. Wir spitzen die Ohren, hören aber nicht, strecken die Hände aus, berühren aber nicht. Und obwohl all der Weihrauch Arabiens verbrannt wird, gehen wir unseren Weg und riechen nicht.

Wir sehen den Pflüger am Abend nicht von seinem Feld zurückkehren noch hören wir des Schäfers Flöte, wenn er seine Herde zum Pferch führt. Auch strecken wir nicht die Arme aus, um den Sonnenuntergang zu berühren, und unsere Nasenöffnungen verlangen nicht mehr nach dem Duft der Rosen von Scharon.

Nein, wir ehren keine Könige ohne Königreiche noch hören wir Harfenklänge, wenn die Saiten nicht von Händen gezupft werden. Wir sehen nicht das Kind im Olivenhain spielen, als wäre es ein junger Olivenbaum. Und alle Worte müssen von Lippen aus Fleisch aufsteigen, sonst halten wir einander für stumm und taub.

Tatsächlich starren wir vor uns hin, sehen aber nicht, und lauschen aufmerksam, hören aber nicht. Wir essen und trinken, schmecken aber nicht.

Und da liegt der Unterschied zwischen Jesus von Nazareth und uns.

Alle seine Sinne wurden ständig erneuert, und so war die Welt für ihn in jedem Moment eine neue Welt.

Für ihn war das Lispeln eines kleinen Kindes nicht weniger als der Ruf der ganzen Menschheit, während es für uns nur ein Lispeln ist.

Für ihn war die Wurzel einer Butterblume eine Sehnsucht nach Gott, wohingegen sie für uns nichts als eine Wurzel ist.

Arbeit ist Liebe

Ihr arbeitet, um Schritt zu halten mit der Erde und der Seele der Erde.

Denn wer untätig ist, wird für die Jahreszeiten zu einem Fremden und tritt aus dem Festzug des Lebens, der würdevoll und in stolzem Gehorsam dem Unendlichen zustrebt.

Wenn ihr arbeitet, seid ihr eine Flöte, durch deren Herz das Flüstern der Stunden zu Musik wird.

Wenn ihr arbeitet, erfüllt ihr einen Teil des höchsten Traums der Erde, euch aufgetragen, als dieser Traum geboren wurde.

Und indem ihr bei eurer Tätigkeit bleibt, liebt ihr in Wahrheit das Leben, und das Leben durch Tätigkeit zu lieben bedeutet, vertraut zu sein mit dem tiefsten Geheimnis des Lebens.

Nicht im Schlaf, sondern in der Überwachheit des Mittags spricht der Wind zu den himmelwärts aufragenden Eichen nicht lieblicher als zu dem unscheinbarsten aller Grashalme.

Und groß ist allein derjenige, der die Stimme des Windes verwandelt in einen Gesang und ihm durch seine eigene Liebe noch mehr Anmut verleiht.

Arbeit ist nichts anderes als sichtbar gemachte Liebe.

Brückenbauer

In Antiochia, wo der Fluss Asi seine Bahn zieht, um ins Meer zu münden, wurde eine Brücke gebaut, damit die beiden Hälften der Stadt enger miteinander verbunden seien. Sie bestand aus großen Steinen, von den umliegenden Hügeln herbeigetragen auf dem Rücken der Mulis.

Als die Brücke fertiggestellt war, meißelte man einem ihrer Pfeiler in griechischer und aramäischer Sprache den Satz ein: *Diese Brücke wurde von König Antiochus II. gebaut.*

Fortan überquerten alle Menschen die gute Brücke über den stattlichen Fluss Asi.

Eines Abends stieg ein Jugendlicher, den manche für ein wenig verrückt hielten, zu dem Pfeiler mit den eingemeißelten Worten hinab, füllte deren Vertiefungen mit Holzkohlepulver aus und schrieb darauf: *Die Steine dieser Brücke wurden durch Mulis von den Hügeln heruntergebracht. Indem ihr über sie hin- und hergeht, reitet ihr auf den Rücken der Mulis von Antiochia, den Erbauern dieser Brücke.*

Als die Leute lasen, was der Jugendliche geschrieben hatte, lachten einige, andere staunten. Wieder andere sagten: »Ja, wir wissen, wer das getan hat. Ist er nicht ein bisschen verrückt?«

Doch ein Muli sagte lachend zum nächsten Muli: »Erinnerst du dich nicht, dass wir diese Steine tatsächlich getragen haben? Trotzdem wurde bis heute behauptet, die Brücke sei von König Antiochus gebaut worden.«

Ansehen

Sei dankbar, dass du nicht leben musst
gemäß dem Ansehen eines Vaters
oder dem Reichtum eines Onkels.
Doch sei vor allem dankbar, dass niemand
gemäß deinem Ansehen oder deinem Reichtum
wird leben müssen.

Das Leben ist ein Festzug

Das Leben ist ein Festzug.
Der langsame Fuß findet ihn zu schnell
und tritt heraus.
Der schnelle Fuß findet ihn zu langsam
und tritt ebenfalls heraus.

Lied der Menschheit

Ich war hier seit dem
Augenblick des Beginns,
und hier bin ich noch immer.
Ich werde hier bleiben
bis zum Ende der Welt,
denn für mein gramerfülltes Wesen
gibt es kein Ende.

Ich durchstreifte den endlosen Himmel
und stieg in die ideale Welt empor
und schwebte durch das Firmament.
Aber hier bin ich,
Gefangene der Grenzen, der Abmessungen.

Ich hörte die Lehren des Konfuzius.
Ich lauschte Brahmas Weisheit.
Ich saß bei Buddha unter dem Baum der
  Erleuchtung.
Doch hier bin ich,
geschlagen mit Unwissenheit und Ketzerei.

Ich war auf dem Sinai, als Jehova sich Moses näherte.
Ich sah die Wunder des Nazareners am Jordan.
Ich war in Medina, als Mohammed dort erschien.
Doch hier bin ich,
Gefangene der Verwirrung.

Dann erlebte ich die Macht Babylons.
Ich erfuhr von der Pracht Ägyptens.
Ich erblickte die kriegerische Größe Roms.
Doch meine früheren Lehren zeigten
die Schwäche und den Jammer
solcher Errungenschaften.

Ich sprach mit den Magiern von Aïn Dour.
Ich debattierte mit den Priestern Assyriens.
Ich erlangte tiefe Einsichten von den Propheten
    Palästinas.
Doch noch immer suche ich die Wahrheit.

Ich sammelte Weisheiten aus dem stillen Indien.
Ich erforschte das Altertum Arabiens.
Ich hörte alles, was gehört werden kann.
Doch mein Herz ist taub und blind.

Ich litt durch die Hand despotischer Herrscher.
Ich litt an der Sklaverei unter wahnsinnigen Invasoren.
Ich litt Hunger, aufgezwungen durch Tyrannei.
Doch noch immer besitze ich ein wenig innere Macht,
mit der ich ringe, um jeden Tag zu begrüßen.

Mein Kopf ist voll, mein Herz aber leer.
Mein Körper ist alt, mein Herz aber ein Kind.
Mag es in der Jugend reifen,
aber ich bete darum, alt zu werden und den Moment
meiner Heimkehr zu Gott zu erreichen.
Erst dann wird mein Herz sich füllen!

Ich war hier seit dem
Augenblick des Beginns,
und hier bin ich noch immer.
Ich werde hierbleiben
bis zum Ende der Welt,
denn für mein gramerfülltes Wesen
gibt es kein Ende.

Gesang im Schweigen

Das Leben singt in unserem Schweigen
und in Träumen, die der Schlaf uns eingibt.
Noch wenn wir besiegt und am Tiefpunkt sind,
thront das Leben in der Höhe.
Und wenn wir weinen,
lächelt das Leben über den Tag
und ist frei, noch wenn
wir unsere Ketten schleppen.

Bescheidenheit

Eure Kleider verbergen viel von eurer Schönheit, nicht aber, was unschön ist.

Obwohl ihr in der Kleidung die Freiheit eures persönlichen Ausdrucks vermutet, mag sie sich als Joch und Kette entpuppen.

Könntet ihr doch der Sonne und dem Wind mit mehr Haut und weniger Kleidung begegnen! Denn der Atem allen Lebens strömt im Sonnenlicht, und die Hand des Lebens regt sich im Wind.

Einige von euch sagen: »Der Nordwind ist's, der die Kleider gewoben hat, damit wir sie tragen.«

Doch die Scham war sein Webstuhl und die Schwächung der Spannkraft sein Faden. Und als er das Werk vollbracht hatte, lachte er im Wald.

Vergesst nicht, dass Bescheidenheit als Schutzschild dient gegen den Blick des Unreinen.

Aber wenn das Unreine vergangen ist, was wäre dann Bescheidenheit anderes als eine Fesselung und Trübung des Geistes?

Vergesst nicht, dass es die Erde erfreut, eure nackten Füße zu spüren, und dass die Winde sich danach sehnen, mit eurem Haar zu spielen.

Dazwischen

Für immer gehe ich auf diesen Ufern
zwischen Sand und Schaum.
Die Flut wird auslöschen meine Fußspuren
und der Wind fortwehen den Schaum.
Aber das Meer und das Ufer,
sie werden bleiben für immer.

Unwissenheit

Ich kenne nicht die absolute Wahrheit.
Aber demütig bin ich vor meiner Unwissenheit,
und darin liegen meine Ehre und meine Belohnung.

Wenn du einem Freund begegnest

Wenn du einem Freund begegnest, am Straßenrand oder
   auf dem Marktplatz,
dann lass den Geist in dir deine Lippen bewegen und
   deine Zunge leiten.
Lass die Stimme in deiner Stimme zu dem Ohr
   seines Ohres sprechen.
Denn seine Seele wird bewahren deines Herzens
   Wahrheit,
wie der Geschmack von Wein erinnert wird,
wenn die Farbe vergessen ist
und das Gefäß längst verschwunden.

Fremde dem Leben gegenüber

Mein Freund, du und ich, wir werden
Fremde bleiben dem Leben gegenüber
und einer dem anderen
und jeder sich selbst,
bis zu dem Tag, da du sprechen wirst
und ich zuhören werde,
deine Stimme für die meine haltend,
da ich vor dir stehen werde,
überzeugt, vor einem Spiegel zu stehen.

Sie sagen zu mir:
»Würdest du dich selbst kennen,
so würdest du alle Menschen kennen.«
Und ich sage:
»Nur wenn ich die Gesellschaft aller Menschen suche,
werde ich mich selbst kennen.«

Leben ist Entschlossenheit

Leben ist Entschlossenheit, die mit der Jugend einher-
    geht,
und Gewissenhaftigkeit, die dem Erwachsensein folgt,
und Weisheit, die sich ans Greisenalter hält.

Wissen ist ein Licht,
das die Wärme des Lebens steigert,
und alle, die es wählen, können daran teilhaben.

Die Menschheit ist ein glänzender Fluss,
der auf seinem Weg singt und mit sich trägt
der Berge Geheimnisse bis
ins Herz des Meeres.

Der Geist ist eine heilige blaue Fackel,
die trockene Pflanzen verbrennt und verschlingt
und wächst mit dem Sturm
und die Gesichter der Göttinnen beleuchtet.

Sehnsucht

Wer sich am meisten sehnt,
lebt am längsten.

An amerikanische Immigranten
aus dem Nahen Osten (1926)

Ich glaube an euch, und ich glaube an euer Schicksal.
Ich glaube, dass ihr euren Beitrag leistet zu dieser
neuen Zivilisation.
Ich glaube, dass ihr von euren Ahnen einen uralten
Traum geerbt habt, ein Lied, eine Prophezeiung,
die ihr als Gabe der Dankbarkeit stolz auf
Amerikas Schoß legen könnt.
Ich glaube, dass ihr zu den Gründern dieser großen
Nation sagen könnt: »Hier bin ich, ein junger
Mensch, ein junger Baum, dessen Wurzeln auf den
Hügeln des Libanon ausgegraben wurden; doch jetzt
bin ich in dieser Erde tief verwurzelt und werde
viele Früchte tragen.«
Und ich glaube, dass ihr zu Abraham Lincoln, dem
Gesegneten, sagen könnt: »Jesus von Nazareth
berührte deine Lippen, als du sprachst, und
führte deine Hand, als du schriebst. Ich werde
alles bewahren, was du gesagt, und alles, was
du geschrieben hast.«
Ich glaube, dass ihr zu Emerson und Whitman und
James sagen könnt: »In meinen Adern fließt

das Blut der Dichter und weisen Männer von einst, und es ist mein Wunsch, zu euch zu kommen und zu empfangen, aber ich werde nicht mit leeren Händen kommen.«

Ich glaube, dass ihr, nachdem eure Ahnen in dieses Land zogen, um Reichtümer hervorzubringen, hier geboren wurdet, um durch Geisteskraft und Arbeit ebenfalls Reichtümer hervorzubringen.

Und ich glaube, dass es euch gegeben ist, gute Bürger zu sein.

Und was heißt es, ein guter Bürger zu sein?

Es heißt, die Rechte des Nächsten anzuerkennen, bevor ihr die eigenen geltend macht, euch deren aber stets bewusst zu sein.

Es heißt, in Gedanke und Tat frei zu sein, wohl wissend jedoch, dass eure Freiheit von der Freiheit des Nächsten abhängt.

Es heißt, das Nützliche und das Schöne mit eigenen Händen hervorzubringen – und zu bewundern, was andere in Liebe und mit Glauben hervorgebracht haben.

Es heißt, Wohlstand einzig und allein durch Arbeit zu schaffen – und weniger auszugeben, als ihr geschaffen habt, damit eure Kinder nicht auf die Unterstützung des Staates angewiesen sind, wenn ihr einmal nicht mehr seid.

Es heißt, vor den Türmen von New York, Washington, Chicago und San Francisco zu stehen und sich tief im Innern zu sagen: »Ich bin der Nachfahre eines Volkes, das Damaskus und Byblos, Tyros,

Sidon und Antiochia erbaut hat, und nun bin ich hier, um aus ganzem Herzen mit euch zu erbauen.«

Es heißt, mit Stolz ein Amerikaner zu sein, aber auch mit Stolz darauf zurückzublicken, dass eure Väter und Mütter aus einem Land kamen, auf das Gott seine gnädige Hand legte, um dort seine Boten heranzubilden.

Junge Amerikaner syrischen Ursprungs, ich glaube an euch.

4

Die Jahreszeiten des Lebens

*Das Leben pulsiert in den Rhythmen, die wir im Übergang
von Tag und Nacht wahrnehmen,
im Wechsel der Jahreszeiten und im Schlagen
unseres eigenen Herzens.*

Sich mit den Jahreszeiten verändern

Die Berge, Bäume und Flüsse verändern ihr Aussehen gemäß dem Wandel der Zeit und der Jahreszeiten, so wie man sich mit den eigenen Erfahrungen und Gefühlen verändert.

Die hoch aufragende Pappel, die im Tageslicht einer Braut ähnelt, wird abends wie eine Rauchsäule erscheinen.

Der riesige Felsen, der am Mittag unüberwindlich wirkt, wird nachts an einen armseligen Bettler erinnern, die Erde sein Lager und der Himmel seine Zudecke.

Und der Bach, den wir morgens glitzern sehen und das Loblied der Ewigkeit singen hören, wird sich am Abend in einen Fluss der Tränen verwandeln, klagend wie eine Mutter, die ihres Kindes beraubt wurde.

Und der Libanon, der eine Woche zuvor, als der Mond voll und unsere Seelen glücklich waren, ehrwürdigen Glanz verstrahlt hatte, mutete diese Nacht traurig an und einsam.

Keine Wunder jenseits
der Jahreszeiten

Ein Astronom spricht von Jesus:
Ihr fragt mich nach den Wundern, die Jesus vollbracht hat.

Alle zigtausend Jahre treffen sich Sonne, Mond, diese Erde und all ihre geschwisterlichen Planeten auf einer geraden Linie, wo sie für einen Augenblick miteinander beratschlagen.

Dann zerstreuen sie sich langsam und erwarten das Vergehen weiterer zigtausend Jahre.

Es gibt keine Wunder jenseits der Jahreszeiten, doch ihr und ich, wir kennen nicht alle Jahreszeiten.

Und was wäre, sollte sich eine Jahreszeit in Gestalt eines menschlichen Wesens offenbaren?

In Jesus fügten sich die Elemente unseres Körpers und unserer Träume dem Gesetz entsprechend zusammen. Alles, was vor ihm zeitlos war, wurde in ihm zeitvoll.

Sie sagen, er habe dem Blinden das Augenlicht, dem Lahmen die Bewegungsfähigkeit verliehen und dem Besessenen die Dämonen ausgetrieben.

Vielleicht ist Blindheit nur ein dunkler Gedanke, der von

einem brennenden Gedanken überwunden werden kann. Vielleicht ist eine verkümmerte Gliedmaße nur Trägheit, die durch Energiezufuhr aktiviert werden kann.

Und vielleicht werden die Dämonen, jene ruhelosen Gewalten in unserem Leben, ausgetrieben durch die Engel des Friedens und der heiteren Gelassenheit.

Sie sagen, er habe die Toten zum Leben erweckt. Wenn ihr mir sagen könnt, was der Tod ist, werde ich euch sagen, was das Leben ist.

In einem Feld habe ich eine Eichel betrachtet, ein so stilles und scheinbar nutzloses Ding. Und im Frühling habe ich gesehen, dass diese Eichel Wurzeln schlug und zur Sonne aufstieg – der Beginn einer Eiche.

Sicherlich würdet ihr das für ein Wunder halten, doch dieses Wunder wird zigtausend Male gewirkt in der Schläfrigkeit jedes Herbstes und der Leidenschaft jedes Frühlings.

Warum sollte es nicht auch im Herzen eines Menschen gewirkt werden? Sollten sich die Jahreszeiten also nicht in der Hand oder auf den Lippen eines Gesalbten begegnen?

Wenn unser Gott der Erde die Kunst zuteilwerden ließ, den Samen zu umschmiegen, der vermeintlich tot ist, warum sollte er dann nicht dem Herz eines Menschen die Kunst gewähren, einem anderen Herzen Atem einzuhauchen, sogar wenn dieses offenbar nicht mehr schlägt?

Ich habe über solche Wunder gesprochen, obwohl ich sie nur als gering erachte neben dem größeren Wunder, das der Mensch selbst ist – der Wanderer, der Mann, der meinen Tand in Gold verwandelte, der mich lehrte, wie man diejenigen liebt, die mich hassen, und mir dadurch Trost und meinem Schlaf süße Träume schenkte.

Das ist das Wunder in meinem eigenen Leben.

Meine Seele war blind, meine Seele war lahm. Ich war besessen von unruhigen Geistern, und ich war tot.

Aber jetzt sehe ich klar und gehe aufrecht. Ich lebe in Frieden, um in jeder Stunde des Tages mein Wesen zu bezeugen, zu preisen und kundzutun.

Dennoch gehöre ich nicht zu seinen Anhängern. Ich bin bloß ein alter Astronom, der einmal pro Jahreszeit die Gefilde des Weltraums besucht, achtsam gegenüber dem Gesetz und den Wundern, die daraus hervorgehen.

Ich befinde mich am Abend meines Lebens, aber wann immer ich nach seinem Dämmer Ausschau halte, suche ich die Jugend Jesu.

Immerzu wird das Alter die Jugend suchen.

Und in mir ist es jetzt das Wissen, das die Vision sucht.

Jugend und Wissen

Du kannst nicht gleichzeitig
die Jugend besitzen
und das Wissen von ihr.
Denn die Jugend lebt zu eifrig,
um zu wissen,
und das Wissen sucht zu eifrig
nach sich selbst,
um zu leben.

Jahreszeiten

Was sind die Jahreszeiten der Jahre
anderes als deine eigenen veränderlichen Gedanken?
Der Frühling ist ein Erwachen in deiner Brust
und der Sommer nur eine Anerkennung deiner
    eigenen Fruchtbarkeit.
Ist der Herbst nicht jene uralte Stimme,
die dem in dir noch immer lebendigen Kind
    ein Wiegenlied singt?
Und was, frage ich dich, ist der Winter
anderes als Schlaf, trächtig mit Träumen
von all den anderen Jahreszeiten?

Herbst und Frühling

Im Herbst sammelte ich all meine Kümmernisse und vergrub sie in meinem Garten.

Als der April zurückkehrte und der Frühling einzog, um sich mit der Erde zu vermählen, wuchsen in meinem Garten herrliche Blumen, anders als alle Blumen sonst.

So suchten mich die Nachbarn auf, um sie staunend zu betrachten, und sagten: »Wenn der Herbst wiederkommt, wirst du uns dann, zur Aussaatzeit, nicht von den Samen dieser Blumen geben, damit wir sie auch in unseren Gärten haben?«

Zeit

Aus der Zeit möchtest du einen Fluss machen,
an dessen Ufer du sitzt
und seiner Strömung zuschaust.

Doch das Zeitlose in dir
ist sich des Lebens Zeitlosigkeit bewusst
und weiß: Das Gestern
ist nur das Gedächtnis des Heute
und das Morgen der Traum des Heute.
Und dass, was in dir singt und
nachsinnt, noch immer weilt
innerhalb der Grenzen jenes ersten Moments,
der die Sterne in den Raum verstreute.

Aber wenn du in Gedanken schon
die Zeit nach Jahreszeiten messen musst,
so lass jede Jahreszeit einschließen alle anderen –
und lass das Heute umfangen
die Vergangenheit mit Erinnerung,
die Zukunft mit Sehnsucht.

Alle deine Stunden sind Flügel

Umfasst Religion nicht alle Taten, jede Überlegung,
wie auch das, was weder Tat noch Überlegung ist,
sondern ein Wunder und eine Überraschung,
die immer in der Seele geschehen,
noch wenn die Hände den Stein behauen
oder dem Webstuhl sich widmen?

Wer kann Glauben trennen vom Handeln
oder Überzeugung von den eigenen Tätigkeiten?
Wer kann die Stunden vor sich ausbreiten und sagen:
»Diese für Gott und jene für mich.
Diese für meine Seele
und jene andere für meinen Körper?«

Alle deine Stunden sind Flügel,
die schlagend den Raum durchqueren
von Selbst zu Selbst.

Sei dunkel

Wenn die Nacht kommt und auch du dunkel bist,
so lege dich nieder und sei entschieden dunkel.
Wenn dann der Morgen anbricht und du noch immer
dunkel bist,
so stehe auf und sage entschieden zum Tag:
»Ich bin noch immer dunkel.«
Es ist töricht, mit Nacht und Tag eine Rolle
zu spielen.
Sie würden beide über dich lachen.

Tag und Nacht

Du entwickelst dich im Schlaf und lebst dein erfüllteres Leben in den Träumen.

Denn alle deine Tage verbringst du damit, zu danken für das, was du in der Stille der Nacht empfangen hast.

Oftmals denkst du und sagst es auch, die Nacht sei die Zeit der Ruhe, in Wahrheit aber ist sie die Zeit des Suchens und Findens.

Der Tag verleiht dir die Macht des Wissens und bringt deinen Fingern bei, die Kunst des Empfangens immer geschickter auszuüben.

Doch es ist die Nacht, die dich zum Schatzhaus des Lebens führt.

Die Sonne belehrt alle Wesen, die ihre Sehnsucht nach dem Licht pflegen und steigern.

Doch es ist die Nacht, die jene zu den Sternen erhebt.

Das innere Sein

Vielleicht lautet die Definition
des Meeres von einer Muschel:
die Perle.
Vielleicht lautet die Definition
der Zeit von der Kohle:
der Diamant.

Gezeiten des Atems

Was in dir am schwächsten und wirrsten scheint, ist gerade das Stärkste und Bestimmteste.

Ist es nicht dein Atem, der dein Knochengerüst aufgerichtet und gefestigt hat?

Könntest du nur die Gezeiten dieses Atems sehen, du würdest aufhören, alles Übrige zu sehen.

Uferlos ohne ein Selbst

Es war erst gestern, dass
du dich bewegtest mit der bewegten See
und uferlos warst, ohne ein Selbst.

Dann webte dich der Wind, der Atem des Lebens,
einen Lichtschleier auf seinem Gesicht.
Bald fügte seine Hand dich zusammen
und gab dir Form –
und mit hoch gehaltenem Kopf
suchtest du die Höhen.

Aber die See folgte dir,
und ihr Gesang begleitet dich noch immer.

Kritik

Wenn ich du wäre,
hätte ich nichts
auszusetzen am Meer,
nur weil Ebbe herrscht.

Jedes Jahr hatte ich
auf den Frühling gewartet ...

Rachel, eine Jüngerin Jesu, spricht:
Oft frage ich mich, ob Jesus ein Mann aus Fleisch und Blut war wie wir – oder ein reiner Gedanke ohne Körper oder eine Idee, die von der Anschauungskraft der Menschheit Besitz ergreift.

Immer wieder scheint mir, er sei nur ein Traum gewesen, den zahllose Männer und Frauen gleichzeitig hatten, in einem Schlaf tiefer als Schlaf und einer Dämmerung, heiterer als alle Dämmerungen.

Und so entsteht der Eindruck, dass wir, indem wir den Traum einander erzählten, ihn allmählich für ein wahres Geschehnis hielten, das tatsächlich eingetreten war. Indem wir ihm dann aus unserer Fantasie einen Körper und aus unserer Sehnsucht eine Stimme gaben, gestalteten wir ein Wesen aus unserem eigenen Wesen.

In Wahrheit aber war er kein Traum. Wir kannten ihn drei Jahre lang und sahen ihn mit offenen Augen in der Lichtflut des Mittags.

Wir berührten seine Hände und folgten ihm von einem Ort zum nächsten. Wir hörten seine Reden und beobachteten seine Taten. Glaubt ihr, wir waren ein Gedanke, der nach mehr Gedanken suchte, oder ein Traum im Reich der Träume?

Große Ereignisse wirken in unserem täglichen Leben immer fremd, obwohl ihre Natur in unserer Natur verwurzelt sein mag. Doch auch wenn sie plötzlich auftauchen und ebenso plötzlich vergehen, währt ihre eigentliche Spanne viele Jahre und überdauert Generationen.

Jesus von Nazareth war selbst das Große Ereignis. Dieser Mann, dessen Vater und Mutter und Brüder wir kennen, war selbst ein Wunder, vollbracht in Judäa. Ja, all die von ihm getanen Wunder würden, zu seinen Füßen ausgebreitet, ihm nicht einmal bis zu den Knöcheln reichen.

Und all die Flüsse all der Jahre werden unsere Erinnerung an ihn nicht forttragen.

Er war ein Berg, brennend in der Nacht, zugleich jedoch ein sanftes Glühen hinter den Hügeln. Er war ein Sturm im Himmel, aber auch ein Raunen im Dunst des anbrechenden Tages.

Er war eine Sturzsee, die sich aus den Höhen zu den Ebenen ergoss, um auf ihrer Bahn alles zu vernichten. Und er war wie das Lachen der Kinder.

Jedes Jahr hatte ich auf den Frühling gewartet, um dieses Tal zu besuchen. Ich hatte auf die Lilien und Alpenveilchen gewartet, und dann war meine Seele jedes Jahr tief betrübt. Denn immer verlangte ich danach, mich am Frühling zu erfreuen, konnte es aber nicht.

Doch als Jesus zu meinen Jahreszeiten kam, war er tatsächlich ein Frühling, und in ihm lag das Versprechen auf all die künftigen Jahre. Er erfüllte mein Herz mit Freude, und wie die Veilchen wuchs ich, ein scheues Ding, im strahlenden Glanz seiner Ankunft.

Die wechselnden Zeiten der Welten, die noch nicht die unseren sind, werden seine Anmut niemals aus dieser unserer Welt tilgen.

Nein, Jesus war weder ein Trugbild noch eine Erfindung der Dichter, sondern ein Mensch wie ihr und ich – aber nur, was das Sehen, Tasten und Hören angeht. In jedem anderen Aspekt war er von uns verschieden.

Er war ein Mann des Frohsinns, und auf dem Weg seines Frohsinns begegnete er den Kümmernissen eines jeden. Desgleichen erblickte er von den hohen Dächern seiner Kümmernisse den Frohsinn jedes Einzelnen.

Er sah Dinge, die wir nicht sahen, und hörte Stimmen, die wir nicht hörten. Er sprach, als wende er sich an unsichtbare Scharen, und redete durch uns zu noch ungeborenen Geschlechtern.

Häufig war Jesus allein. Er war unter uns, doch nicht eins mit uns. Er war auf der Erde, stammte aber vom Himmel her. Und nur in unserer Abgeschiedenheit können wir das Land seiner Abgeschiedenheit aufsuchen.

Er liebte uns mit zärtlicher Hingabe. Sein Herz war eine Kelter. Wir konnten uns mit einem Becher nähern und von seinem Wein trinken.

Indes, eine Seite von Jesus habe ich gewöhnlich nicht verstanden, nämlich dass er mit seinen Zuhörern gern einen jovialen Umgang pflegte. Er machte Scherze, spielte mit Wörtern und lachte aus ganzem Herzen, auch wenn in seinen Augen weite Fernen sich auftaten und seine Stimme von großer Traurigkeit kündete. Jetzt aber verstehe ich.

Manches Mal stelle ich mir die Erde als Frau vor, schwanger mit ihrem ersten Kind. Als Jesus geboren wurde, war er das erste Kind. Und als er verschied, war er der erste Mensch, der starb.

Denn meint ihr nicht auch, dass die Erde an jenem dunklen Freitag zum Verstummen gebracht wurde und dass die Himmel Krieg führten gegen die Himmel?

Und hattet ihr, als sein Gesicht unseren Blicken entschwand, nicht das Gefühl, wir seien nur vage Erinnerungen, gehüllt in Dunst?

5

Paradoxes Leben

In den Widersprüchen und Paradoxen unserer Existenz
entdecken wir die Einheit allen Lebens –
eine Einheit, die sich widerspiegelt in der seelischen
Erfahrung des Einsseins.

Das Leben kommt herbei

Das Leben ist verschleiert und verborgen, geradeso wie dein Größeres Selbst verborgen und verschleiert ist.

Doch wenn das Leben spricht, werden alle Winde zu Worten.

Und wenn es abermals spricht, verwandeln sich auch das Lächeln auf deinen Lippen und die Tränen in deinen Augen in Worte.

Wenn es singt, hören die Gehörlosen und werden gehalten.

Und wenn das Leben herbeikommt, sehen es die Blinden, zutiefst überrascht, und folgen ihm voller Staunen und Verwunderung.

Gespräch

In Wahrheit sprechen wir nur zu uns selbst;
bisweilen aber sprechen wir laut genug,
sodass andere uns hören können.

Eine Erzählung aus
zwei Erzählungen

Eines Abends fanden ein Mann und eine Frau sich in einer Postkutsche wieder. Beide hatten sich vorher schon einmal getroffen.

Der Mann, ein Dichter, wollte die Frau, die neben ihm saß, mit Geschichten unterhalten, von denen er einige selbst ersonnen hatte, andere nicht.

Noch während er redete, sank die Dame in Schlaf. Als die Kutsche dann plötzlich hin und her schlingerte, wachte sie auf und sagte: »Ich bewundere Ihre Deutung der Geschichte von Jonas und dem Wal.«

Worauf der Dichter erwiderte: »Aber meine Dame, ich habe Ihnen eine meiner Geschichten über einen Schmetterling und eine weiße Rose erzählt, die davon handelt, wie sie miteinander umgingen!«

Bekenntnis

Sollten wir alle einander unsere Sünden bekennen,
würden wir alle übereinander lachen
wegen unseres Mangels an Originalität.

Sollten wir alle unsere Tugenden offenbaren,
würden wir ebenfalls lachen
aus dem gleichen Grund.

Gestern und Heute

Der Goldhorter durchwanderte den Park seines Palastes, und mit ihm gingen seine Kümmernisse. Über seinem Kopf schwebten Sorgen, wie ein Geier über dem Kadaver schwebt, bis er einen herrlichen See erreichte, umgeben von prachtvollen Marmorstatuen.

Dort saß er, sinnierend über das Wasser, das sich aus den Mündern der Statuen ergoss wie Gedanken, die ungehindert den Fantasien eines Liebenden entströmen. Tief versunken betrachtete er seinen Palast, der auf einer Anhöhe thronte wie ein Muttermal auf der Wange eines jungen Mädchens.

In der Vorstellung erschienen ihm die Seiten seines Lebensdramas, und er las sie unter Tränen, die seine Augen trübten und ihm die Einsicht verwehrten, wie wenig die Menschen der Natur etwas hinzutun können.

Mit schmerzlichem Bedauern blickte er zurück auf die Bilder seines frühen Lebens, welche die Götter zu einem stimmigen Muster verknüpft hatten, bis er seine Qual nicht länger beherrschen konnte und ausrief: »Gestern weidete ich meine Schafe im grünen Tal, erfreute mich meines Lebens, spielte auf der Flöte und trug den Kopf hoch. Heute aber bin ich ein Gefangener der Habgier.

Gold führt zu noch mehr Gold, dann in die Ruhelosigkeit und schließlich in erdrückendes Elend.

Gestern glich ich einem singenden Vogel, flog hier und dort frei von den Feldern auf. Heute hingegen bin ich ein Sklave des unbeständigen Reichtums, der gesellschaftlichen Regeln, der städtischen Sitten, der gekauften Freunde – und will den Leuten gefallen, indem ich mich ihren sonderbaren und engstirnigen Gesetzen füge. Ich wurde geboren, um unabhängig zu sein und die Fülle des Lebens zu genießen, fühle mich jedoch wie ein Lasttier, so schwer beladen mit Gold, dass es zusammenbricht.

Wo sind die weitläufigen Ebenen, die wohltönenden Bäche, die reine Brise, die Nähe der Natur? Wo ist meine Gottheit? Sie alle habe ich verloren! Nichts bleibt mir als Einsamkeit, die mich traurig macht, Gold, das mich verspottet, Knechte, die mich hinter meinem Rücken verfluchen, und ein Palast, den ich erbaut habe als Grabstätte für mein Glück und in dessen großartigem Prunk mir das Herz abhandenkam.

Gestern durchstreifte ich zusammen mit der Tochter des Beduinen die Wiesen und Hügel. Die Tugend war unsere Begleiterin, die Liebe unsere Wonne und der Mond unser Wächter. Heute lebe ich unter Frauen von schaler Schönheit, die sich verkaufen für Gold und Diamanten.

Gestern war ich unbekümmert und teilte mit den Schäfern alle Freuden des Lebens – gemeinsam aßen, spielten, arbeiteten, sangen und tanzten wir zur Musik, die aus der Wahrheit des Herzens erklingt. Heute bin ich unter Leuten wie ein verängstigtes Lamm unter Wölfen. Wenn ich die Straßen entlanggehe, starren sie mich mit hasserfüllten

Augen an, zeigen verächtlich und neidisch auf mich; und stehle ich mich durch den Park, sehe ich in den verfinsterten Gesichtern ringsum nur Missmut.

Gestern war ich reich an Glück, heute bin ich arm inmitten des Goldes.

Gestern war ich ein seliger Schäfer, der auf seine Herde schaut, wie ein gnädiger König sich im Anblick seiner zufriedenen Untertanen sonnt. Heute stehe ich als Lakai vor meinem Reichtum, der mich der Schönheit des Lebens beraubte, wie ich sie damals kannte.

Vergib mir, mein Richter! Ich wusste nicht, dass Reichtümer mein Leben in Bruchstücke zerlegen und mich in die Kerker der Unnachgiebigkeit und Dummheit bringen würden. Was ich für Ruhm hielt, ist nichts als eine ewige Hölle.«

Erschöpft sammelte er sich, stapfte langsam zum Palast zurück und wiederholte seufzend: »Ist es das, was die Menschen Reichtum nennen? Ist dies der Gott, dem ich diene und huldige? Ist es das, was ich auf der Erde suche? Warum kann ich es nicht eintauschen gegen ein klein wenig Zufriedenheit? Wer würde mir einen schönen Gedanken für eine Tonne Gold verkaufen? Wer würde mir einen Moment der Liebe für eine Handvoll Edelsteine geben? Wer würde mir ein Auge gewähren, das in die Herzen der anderen sehen kann, und dafür alles aus meinen kostbaren Truhen nehmen?«

Als er die Tore des Palastes erreichte, drehte er sich um und schaute zur Stadt, wie dereinst Jeremia auf Jerusalem blickte. In erbärmlicher Klage hob er die Arme und rief: »O Bewohner der grässlichen Stadt, die ihr in Dunkelheit lebt, dem Unheil entgegeneilt, die Falschheit predigt und töricht daherredet! Wie lange noch werdet ihr unverständig bleiben? Wie lange werdet ihr im Schmutz des Lebens verharren und fortfahren, dessen Gärten brach liegen zu lassen? Warum tragt ihr weiterhin eure zerlumpte Kleidung der Engstirnigkeit, wo doch die Natur ihre wunderbaren Seidengewänder für euch gefertigt hat? Die Lampe der Weisheit leuchtet immer schwächer; es ist Zeit, sie mit Öl zu versorgen. Die Heimstatt des wahren Reichtums wird zerstört; es ist Zeit, sie wiederaufzubauen und zu behüten. Die Diebe der Ignoranz haben den Schatz eurer Ruhe gestohlen; es ist Zeit, ihn zurückzuerobern!«

Plötzlich stand ein armer Mann vor ihm und streckte die Hand für ein Almosen aus. Als er den Bettler betrachtete, öffneten sich seine Lippen, die Augen begannen mild zu glänzen, und das Gesicht strahlte Freundlichkeit aus. Es schien, als wäre das Gestern, dem er beim See nachgetrauert hatte, zurückgekehrt, um ihm einen Gruß zu übermitteln. In tiefer Zuneigung umarmte er den Mann und füllte seine Hände mit Gold. Sodann sprach er mit einer Stimme, deren Aufrichtigkeit die Anmut der Liebe bezeugte: »Komm morgen wieder und bring deine Leidensgenossen mit. All eure Besitztümer werden zurückerstattet.«

Er betrat seinen Palast und sagte zu sich: »Alles im Leben ist gut, selbst das Gold, denn es lehrt eine Lektion.

Geld hat etwas von einem Saiteninstrument. Wer es nicht richtig zu benutzen weiß, wird nur Missklänge hören.

Geld ist auch mit der Liebe vergleichbar, insofern es den langsam und schmerzhaft umbringt, der es für sich behält, und jenen belebt, der es seinen Mitmenschen zuteilwerden lässt.«

Gaben der Erde

Die Erde schenkt dir ihre Früchte, und dir wird an nichts mangeln, wenn du weißt, wie du deine Hände füllst.

Gerade indem du die Gaben der Erde austauschst, wirst du der Fülle teilhaftig und gesättigt sein.

Doch geschieht der Austausch nicht mit Liebe und wohlwollendem Gerechtigkeitssinn, treibt er einige zur Habgier und andere in den Hunger.

Geben und Empfangen

Du bist gut, wenn du danach trachtest, etwas von dir selbst zu geben.

Doch bist du nicht böse, wenn du einen Gewinn für dich begehrst.

Denn strebst du nach Gewinn, bist du nur eine Wurzel, die sich an die Erde klammert und an deren Brust saugt.

Gewiss kann die Frucht nicht zur Wurzel sagen: »Sei wie ich, reif und voll und immerzu Fülle verschenkend.«

Denn für die Frucht ist Geben eine Notwendigkeit, wie Empfangen eine Notwendigkeit für die Wurzel ist.

Hoch und niedrig

Doch ich sage, so wie der Heilige und der Gerechte nicht höher steigen kann als der Höchste, der in jedem von euch wohnt, kann auch der Böse und der Schwache nicht tiefer fallen als der Niedrigste, der ebenfalls in euch wohnt.

Und wie ein einzelnes Blatt nur gelb werden kann mit dem stillen Wissen des ganzen Baumes, so kann der Übeltäter nichts Übles tun ohne den verborgenen Willen von euch allen.

Gleich einer Prozession schreitet ihr gemeinsam voran in Richtung eures göttlichen Selbst.

Ihr seid der Weg und die Wanderer.

Suche

Sie sagen zu mir: »Besser den Spatz in der Hand als die Taube auf dem Dach.«

Doch ich erwidere: »Eine Taube und eine Feder auf dem Dach sind besser als zehn Spatzen in der Hand.«

Deine Suche nach der Feder ist Leben mit geflügelten Füßen – nein, sie ist das Leben selbst.

Freiheit

Ein Redner forderte ihn auf: »Sprich uns von der Freiheit.«

Und er antwortete:

Am Stadttor und bei eurem heimischen Herd habe ich gesehen, wie ihr auf die Knie fallt und eure eigene Freiheit anbetet, so wie Sklaven sich erniedrigen vor einem Tyrannen und ihn preisen, obwohl er sie erschlägt.

Ja, im Tempelhain und im Schatten der Zitadelle habe ich beobachtet, wie die Freiesten unter euch ihre Freiheit tragen wie ein Joch und eine Fessel.

Und mir blutete das Herz, könnt ihr doch nur dann frei sein, wenn selbst der Freiheitsdrang euch Zügel anlegt und wenn ihr aufhört, von Freiheit als einem Ziel und Zustand der Erfüllung zu reden.

Tatsächlich werdet ihr frei sein, wenn eure Tage nicht ohne Sorge und eure Nächte nicht ohne Entbehrung und Kummer sind, wobei diese eurem Leben zwar zusetzen, ihr euch aber über sie erhebt, nackt und ungebunden.

Und wie wollt ihr euch über eure Tage und Nächte erheben, wenn ihr nicht die Ketten sprengt, die ihr im Morgengrauen eures Verstehens eurer Mittagsstunde angelegt habt?

In Wahrheit ist das, was ihr Freiheit nennt, die stärkste dieser Ketten, obwohl deren Glieder in der Sonne glänzen und die Augen blenden.

Und was außer Bruchstücken eurer selbst wollt ihr verwerfen, um frei zu werden?

Wenn es ein ungerechtes Gesetz ist, das ihr abschaffen wollt, so habt ihr dieses Gesetz mit eigener Hand auf eure Stirn geschrieben.

Ihr könnt es nicht auslöschen, indem ihr eure Gesetzbücher verbrennt oder es von den Stirnen eurer Richter wascht, auch wenn ihr das ganze Meer darüber ausgießt.

Und ist es ein Gewaltherrscher, den ihr vom Thron stürzen wollt, dann achtet zuerst darauf, dass sein in euch errichteter Thron zerstört wird.

Denn wie kann ein Tyrann die Freien und Stolzen regieren, es sei denn, ihrer Freiheit wohnt Tyrannei und Schande ihrem Stolz inne?

Und ist es eine Sorge, die ihr loswerden wollt, so habt eher ihr selbst diese Sorge gewählt, als dass sie euch auferlegt worden wäre.

Und ist es eine Furcht, die ihr vertreiben wollt, dann ruht diese Furcht in euren Herzen und nicht in der Hand dessen, den ihr fürchtet.

Wahrlich, all dies durchwirkt euch, immerzu halb ineinander verschlungen – das Ersehnte und das Gefürchtete, das Abstoßende und das hoch Geschätzte, das, was ihr erstrebt, und das, wovor ihr flieht.

All das regt sich in euch wie Licht und Schatten und bildet ein unzertrennliches Paar.

Und wenn der Schatten schwindet und vergeht, wird das restliche Licht zum Schatten eines anderen Lichts.

Wenn also eure Freiheit die Fesseln abstreift, wird sie selbst zur Fessel einer größeren Freiheit.

Grenzen

Wenn du das Ende von dem erreicht hast,
was du wissen solltest,
stehst du am Anfang dessen,
was du empfinden solltest.

Eulenaugen

Die Eule, deren Nachtaugen blind sind am Tag,
kann das Mysterium des Lichts nicht entschleiern.
Wollt ihr wirklich den Geist des Todes schauen,
so öffnet eure Herzen weit dem Körper des Lebens.
Denn Leben und Tod sind eins,
wie der Fluss und das Meer eins sind.

Stimmen

Ich sagte zum Leben:
»Ich möchte den Tod sprechen hören.«
Und das Leben redete ein wenig lauter
und erwiderte: »Jetzt hörst du ihn.«

Meer und Gischt

Euch wurde gesagt, dass ihr, gleich der Kette, so schwach seid wie das schwächste eurer Glieder.

Das ist nur die halbe Wahrheit.

Ihr seid auch so stark wie das stärkste eurer Glieder.

Wer euch an euren kleinsten Taten misst, bewertet die Gewalt des Meeres aufgrund der Flüchtigkeit seiner Gischt.

Wer euch nach euren Fehlschlägen beurteilt, zeiht die Jahreszeiten ihrer Wechselhaftigkeit.

Die Dunkelheit segnen

Ist es nicht einer eurer Träume,
an den keiner sich erinnert,
der eure Stadt erbaute und
allem darin Gestalt verlieh?

Könntet ihr das Flüstern des Traumes vernehmen,
ihr würdet kein anderes Geräusch mehr hören.
Aber ihr seht nicht,
noch hört ihr,
und das ist gut so.

Der Schleier, der eure Augen umschattet,
wird gehoben von der Hand, die ihn webte,
und der Lehm, der eure Ohren ausfüllt,
wird durchbohrt von jenen Fingern,
die ihn kneteten.
Und ihr werdet sehen.
Und ihr werdet hören.

Doch ihr werdet nicht beklagen,
die Blindheit gekannt zu haben,
noch bedauern, taub gewesen zu sein.

Denn ihr werdet erkennen
den verborgenen Sinn in allen Dingen,
und ihr werdet segnen die Dunkelheit,
wie ihr das Licht segnen würdet.

Übereinstimmung

Einmal, alle hundert Jahre, begegnet Jesus von Nazareth
dem Jesus des Christen
in einem Garten auf den Hügeln des Libanon.
Und lange sprechen sie miteinander.
Und jedes Mal geht Jesus von Nazareth fort
mit diesen Worten an Jesus den Christen:
»Mein Freund, ich fürchte, wir werden niemals,
niemals übereinstimmen.«

Jesus und Pan

Es sprach die Stimme von Sarkis, einem alten griechischen Hirten, den sie den Narren nannten:

In einem Traum sah ich Jesus und meinen Gott Pan zusammen inmitten des Waldes sitzen.

Sie lachten über des anderen Rede, während der Bach nah an ihnen vorbeirauschte, und das Lachen von Jesus war das fröhlichere. Und ihre Unterhaltung zog sich in die Länge.

Pan sprach über die Erde und ihre Geheimnisse, von seinen behuften Brüdern und gehörnten Schwestern sowie von Träumen. Sodann berichtete er über Wurzeln und ihre Triebe, über den Saft, der erwacht und aufsteigt und den Sommer besingt.

Und Jesus erzählte von den Schösslingen im Wald, von den Blumen und Früchten und dem Samen, den sie in einer Jahreszeit tragen werden, die noch nicht gekommen ist.

Er sprach über Vögel im Raum und ihren Gesang in der höheren Welt. Und er äußerte sich über weiße Hirsche in der Wüste, wo Gott sie behütet.

Und Pan war entzückt über die Rede des neuen Gottes, und seine Nasenflügel zitterten.

Im gleichen Traum sah ich, wie Pan und Jesus leiser wurden und schließlich verstummten in der Stille der grünen Schatten.

Alsbald nahm Pan seine Schilfrohre und spielte Jesus eine Weise vor.

Die Bäume begannen zu schwanken, es bebten die Farne, und mich überkam eine Angst.

Und Jesus sagte: »Guter Bruder, du hast die Lichtung und die felsige Höhe in deinen Röhren.«

Pan reichte sie Jesus mit den Worten: »Jetzt spielst du. Die Reihe ist an dir.«

Doch Jesus erwiderte: »Die Röhren deiner Flöte sind zu zahlreich für meinen Mund. Ich habe diese Flöte.«

So ergriff er seine Flöte und spielte darauf. Und ich hörte das Geräusch des Regens im Blattwerk und den Gesang der Flüsse die Hügel hinab und das Fallen des Schnees auf der Bergspitze.

Der Schlag meines Herzens, einst im Gleichtakt mit dem Wind, ertönte wieder im Wind, und all die Wellen meiner gestrigen Tage erreichten mein Ufer, und ich war abermals Sarkis, der Hirte. Und die Flöte von Jesus wurde zu den Schilfrohren von zahllosen Hirten, die zahllose Herden anlockten.

Dann sagte Pan zu Jesus: »Deine Jugend ist dem Schilfrohr verwandter, als meine Jahre es sind. Vor langer Zeit schon habe ich in meiner Stille dein Lied gehört und das Geflüster deines Namens.

Dein Name ist voller Wohlklang. Möge er mit dem Saft zu den Zweigen aufsteigen und mit den Hufen über die Hügel eilen.

Und er kommt mir nicht fremd vor, obzwar mein Vater mich nicht bei diesem Namen gerufen hat. Es war deine Flöte, die ihn mir erneut in Erinnerung brachte.

Lass uns nun zusammen auf unseren Flöten spielen.«

Und sie spielten zusammen.

Ihre Musik erschütterte Himmel und Erde, und alle Lebewesen erstarrten vor Schreck.

Ich hörte das Geheul von Tieren und den Hunger des Waldes.

Und ich hörte den Schrei einsamer Menschen und die Klage derer, die sich sehnen nach dem, was ihnen unbekannt ist.

Ich hörte das Seufzen der jungen Frau um ihres Geliebten willen und das Keuchen des glücklosen Jägers auf der Fährte seiner Beute.

Danach kehrte Frieden in ihre Musik ein, und die Himmel und die Erde stimmten gemeinsam ein Lied an.

All dies sah ich in meinem Traum, und all dies hörte ich.

6

Das Leben der Seele

*Ob wir wachen oder schlafen,
träumen oder durch den Alltag gehen,
immer lebt das Größere Selbst durch uns
und führt uns in der Prozession der Liebe
weiter voran.*

Auferstehung des Lebens

Die Stimme von Nikodemus, dem Dichter:

Ich kenne diese Maulwürfe, die Wege ins Nirgendwo graben.

Sind sie nicht diejenigen, die Jesus beschuldigen, sich selbst zu verklären, indem er zu der Menge sagte: »Ich bin der Weg und das Tor zur Erlösung« und sich sogar mit dem Leben und der Auferstehung gleichsetzte?

Aber Jesus behauptete nicht mehr als der Monat Mai in seiner Blütenflut behauptet.

Ein Bruchstück

E s war erst gestern, als ich mich für ein Bruchstück hielt, das ohne Rhythmus in der Sphäre des Lebens erzitterte.

Jetzt aber weiß ich, dass ich die Sphäre bin und dass alles Leben sich in rhythmischen Bruchstücken durch mein Inneres bewegt.

In ihrem Erwachen sagen sie zu mir: »Du und die Welt, in der du lebst, seid nur ein Sandkorn auf dem endlosen Ufer eines endlosen Meeres.«

Und im Traum sage ich zu ihnen: »Ich bin das endlose Meer, und alle Welten sind nur Sandkörner auf meinem Ufer.«

Das Größere Meer

Meine Seele und ich gingen hinunter zum großen Meer, um ein Bad zu nehmen. Und als wir das Ufer erreichten, hielten wir Ausschau nach einer verborgenen und einsamen Stelle.

Doch im Umherstreifen erblickten wir einen Mann, der auf einem grauen Felsen saß, eine Prise Salz nach der anderen aus einem Beutel hervorholte und ins Meer schleuderte.

»Das ist der Pessimist«, sagte meine Seele. »Lass uns diesen Ort verlassen. Hier können wir nicht baden.«

Wir wanderten weiter, bis wir an einen Zufluss gelangten. Dort sahen wir auf einem weißen Felsen einen Mann stehen, der eine mit Edelsteinen besetzte Schatulle hielt, ihr Zucker entnahm und diesen ins Meer streute.

»Und das ist der Optimist«, sagte meine Seele. »Auch er darf unsere nackten Körper nicht zu Gesicht bekommen.«

Wir setzten unseren Weg fort. Am Strand bemerkten wir einen Mann, der tote Fische auflas und sie behutsam zurück ins Wasser legte.

»Vor ihm können wir nicht baden«, sagte meine Seele. »Er ist der gutherzige Philanthrop.«

Und so brachen wir erneut auf.

Kurz darauf begegneten wir einem Mann, der seinen Schatten im Sand nachzeichnete. Hohe Wellen stürzten heran und löschten den Umriss aus. Aber noch einmal zog er die Linie, und immer wieder.

»Er ist der Mystiker«, sagte meine Seele. »Lassen wir ihn in Ruhe.«

Wir drangen weiter vor, bis wir in einer stillen Bucht einen Mann beobachteten, der den Schaum abschöpfte und ihn in eine Alabasterschale tat.

»Er ist der Idealist«, sagte meine Seele. »Keinesfalls darf ihm unsere Nacktheit ins Auge fallen.«

Und schon zogen wir von dannen.

Plötzlich hörten wir eine Stimme rufen: »Das ist das Meer. Das ist das tiefe Meer. Das ist das riesige und mächtige Meer.« Als wir ihr folgten, trafen wir auf einen Mann mit dem Rücken zum Wasser, der eine Muschel ans Ohr hielt und ihrem Rauschen zuhörte.

Und meine Seele sagte: »Lass uns weitergehen. Er ist der Realist, der seinen Rücken all dem zukehrt, was er nicht begreifen kann, und sich mit einem Bruchstück beschäftigt.«

Also gingen wir weiter.

In einer mit Unkraut bewachsenen Felsnische befand sich ein Mann, der seinen Kopf in den Sand gesteckt hatte. Und ich sagte zu meiner Seele: »Hier können wir baden, denn er sieht uns nicht.«

»Nein«, erwiderte meine Seele, »denn er ist der Schlimmste von allen. Er ist der Puritaner.«

Eine tiefe Traurigkeit verdunkelte das Gesicht meiner Seele und drang in deren Stimme.

»Gehen wir fort von hier«, sagte sie, »es gibt keine einsame, verborgene Stelle, wo wir baden können. Ich möchte nicht, dass dieser Wind mein goldenes Haar hebt oder in solcher Luft meine weiße Brust entblößt – oder dass das Licht meine heilige Nacktheit offenbart.«

Daraufhin verließen wir dieses Meer, um das Größere Meer zu suchen.

Die Wahrheit ist wie die Sterne

Wahr ist das Licht, das aus dem Innern eines Menschen hervorstrahlt.

Es offenbart der Seele die Geheimnisse des Herzens, stimmt sie glücklich und zufrieden mit dem Leben.

Die Wahrheit ist wie die Sterne. Sie tritt nur von jenseits des nächtlichen Dunkels in Erscheinung.

Die Wahrheit ist wie alle schönen Dinge in der Welt. Sie enthüllt ihr begehrenswertes Wesen nur denjenigen, die zuerst den Einfluss der Falschheit spüren.

Die Wahrheit ist eine tiefe Liebenswürdigkeit, die uns lehrt, im Alltag zufrieden zu sein und das gleiche Glück mit anderen zu teilen.

Hab Erbarmen mit mir, meine Seele

Warum weinst du, meine Seele?
Kennst du meine Schwachheit?
Deine Tränen treffen hart und verletzen,
denn ich weiß nicht um meine Schuld.
Wie lange noch wirst du weinen?
Ich besitze nichts als Menschenworte,
um deine Träume zu deuten,
deine Wünsche und deine Weisungen.

Sieh mich an, meine Seele.
Mein ganzes Leben habe ich damit verbracht,
deine Lehren zu beherzigen.
Stell dir vor, wie ich leide!
Dir ergeben, habe ich mein Leben ausgeschöpft.

Mein Herz frohlockte auf dem Thron,
nun aber trägt es das Joch der Sklaverei.
Meine Geduld war eine Gefährtin,
nun aber lehnt sie sich gegen mich auf.
Meine Jugend war meine Hoffnung,
nun aber tadelt sie meine Versäumnisse.

Warum, meine Seele, verlangst du alles?
Ich entsagte dem Vergnügen
und verzichtete auf die Lebensfreude,
um dem Kurs zu folgen,
den einzuschlagen du mich gezwungen hast.
Sei gerecht zu mir
oder rufe den Tod, auf dass er mich befreie,
denn auf Gerechtigkeit gründet dein Ruhm.

Hab Erbarmen mit mir, meine Seele.
Du hast mich beladen mit Liebe,
bis ich meine Bürde nicht mehr tragen kann.
Du und die Liebe, ihr seid untrennbare
    Mächte.
Der Stoff und ich, wir sind untrennbare
    Schwächen.
Wird der Kampf zwischen dem Starken
und dem Schwachen jemals enden?

Hab Erbarmen mit mir, meine Seele.
Du hast mir das unerreichbare Glück gezeigt.
Du und das Glück, ihr wohnt auf der Bergspitze.
Das Elend und ich, wir werden alleingelassen
im Abgrund des Tales.
Werden Berg und Tal sich jemals vereinen?

Hab Erbarmen mit mir, meine Seele.
Du hast mir die Schönheit offenbart,
sie dann aber verschleiert.
Du und die Schönheit, ihr lebt im Licht.

Die Unwissenheit und ich, wir sind aneinander
gebunden in der Dunkelheit.
Wird das Licht die Dunkelheit jemals durchdringen?

Deine Wonne beginnt mit dem Ende,
und schon schwelgst du in froher Erwartung.
Doch dieser Körper leidet am Leben
inmitten des Lebens.
Dies, meine Seele, ist verwirrend.

Du eilst der Ewigkeit entgegen,
aber dieser Körper nähert sich langsam
    der Vernichtung.
Du wartest nicht auf ihn,
und er kommt nur langsam voran.
Dies, meine Seele, ist Traurigkeit.

Durch die Anziehung des Himmels steigst du
    hoch auf,
aber dieser Körper fällt durch die Schwerkraft
    der Erde.
Du tröstest ihn nicht,
und er wertschätzt dich nicht.
Dies, meine Seele, ist Elend.

Du bist reich an Weisheit,
aber dieser Körper ist arm an Verständnis.
Du schließt keine Kompromisse,
und er gehorcht nicht.
Dies, meine Seele, ist tiefstes Leiden.

In der Stille der Nacht besuchst du den Geliebten
und genießt die Anmut seiner Gegenwart.
Dieser Körper bleibt für immer
das bittere Opfer von Hoffnung und Trennung.
Dies, meine Seele, ist quälende Folter.

Hab Erbarmen mit mir, meine Seele!

Vertrauen und Träume

In der Tiefe deiner Hoffnungen und Wünsche
ruht dein stilles Wissen vom Jenseits.
Und wie Samen, die unter dem Schnee träumen,
träumt dein Herz vom Frühling.

Vertraue den Träumen,
denn in ihnen verbirgt sich
das Tor zur Ewigkeit.

Das Größere Selbst

Dieses hat sich zugetragen.

Nach seiner Krönung zog sich Nufsibaal, König von Byblos, in sein Schlafgemach zurück – in jenen Raum, den die drei Einsiedler und Magier der Berge für ihn erbaut hatten.

Er nahm seine Krone sowie die königlichen Gewänder ab, stand in der Mitte des Raumes und dachte an sich selbst, nun der allmächtige Herrscher von Byblos.

Mit einem Mal drehte er sich um und sah aus dem Silberspiegel, den seine Mutter ihm geschenkt hatte, einen nackten Mann treten.

Der König erschrak und schrie dem Mann zu: »Was willst du?«

»Nichts außer dieser Frage«, erwiderte der andere. »Warum haben sie dich zum König gekrönt?«

»Weil ich der edelste Mann im ganzen Land bin.«

Darauf sagte der nackte Mann: »Und wärest du noch edler, wärst du nicht König.«

»Sie haben mich gekrönt, weil ich der mächtigste Mann im ganzen Land bin.«

Und der nackte Mann sagte: »Und wärest du noch mächtiger, wärst du nicht König.«

»Sie haben mich zum König gekrönt, weil ich der weiseste Mann im ganzen Land bin.«

Doch der nackte Mann sagte: »Und wärest du noch weiser, wärst du nicht König.«

Schließlich fiel der König zu Boden und weinte bitterlich.

Der nackte Mann schaute auf ihn hinab. Dann nahm er die Krone und setzte sie dem König zärtlich wieder auf den gesenkten Kopf.

Seinen Blick liebevoll auf den König gerichtet, trat der nackte Mann in den Spiegel ein und verschwand.

Der König erhob sich und starrte sogleich in den Spiegel. Dort sah er nur sich selbst, gekrönt.

Aufstieg

Wenn du dich nach Wohltaten sehnst,
die du nicht benennen kannst,
und wenn du trauerst,
ohne den Grund zu kennen,
dann wächst du tatsächlich
mit allen Wesen, die wachsen,
und steigst auf zu deinem Größeren Selbst.

Kinder des Raumes

Wahrlich, die Gier nach Wohlbehagen tötet die Leidenschaft der Seele und geht dann grinsend mit dem Leichenzug.

Ihr aber, Kinder des Raumes, ihr Ruhelosen im Ruhezustand, ihr sollt euch weder einfangen noch zähmen lassen.

Euer Haus soll kein Anker sein, sondern ein Mast.

Es soll kein glänzender Grind sein, der eine Wunde bedeckt, sondern ein Lid, welches über das Auge wacht.

Ihr sollt nicht eure Flügel falten, damit ihr durch Türen kommt, noch eure Köpfe beugen, damit sie nicht gegen die Decke stoßen, noch Angst haben zu atmen, weil sonst die Mauern bersten und einstürzen könnten.

Ihr sollt nicht in Gräbern wohnen, die von den Toten für die Lebenden geschaufelt werden.

Und obwohl euer Haus von Pracht und Größe zeugt, soll es weder euer Geheimnis hüten noch eure Sehnsucht beherbergen.

Denn was grenzenlos in euch ist, weilt im Palast des Himmels, dessen Tor der Morgendunst ist, dessen Fenster die Lieder und die Stille der Nacht sind.

Geh fort von mir,
mein Beschuldiger

Geh fort von mir, mein Beschuldiger,
um der Liebe willen, die deine Seele
vereinigt mit der deines geliebten Wesens.
Um der Kraft willen, die den Geist
zusammenführt mit der Zärtlichkeit der Mutter
und dein Herz bindet mit kindlicher Liebe.
Geh, und überlasse mich meinem weinenden Herzen.

Lass mich segeln im Meer meiner Träume.
Warte, bis das Morgen kommt,
denn dem Morgen steht es frei,
mit mir zu tun, was es will.
Deine Peitschenhiebe sind nichts als Schatten,
der mit dem Geist zum Grab der Beschämung geht
und ihm die kalte, feste Erde zeigt.

Ich habe ein kleines Herz in mir,
das ich aus seinem Gefängnis befreien
und auf der Handfläche tragen möchte,
um es gründlich zu untersuchen

und ihm sein Geheimnis zu entnehmen.
Richte nicht deine Pfeile darauf,
damit es nicht erschrecke und verschwinde,
bevor es das Blut des Geheimnisses als ein Opfer
auf den Altar seines eigenen Glaubens gießt,
ihm verliehen von der Gottheit,
als sie es formte aus Liebe und Schönheit.

Die Sonne geht auf und die Nachtigall singt,
und die Myrte verströmt ihren Duft in den Raum.
Ich will mich lösen aus dem wattierten Schlummer
  des Unrechts.
Halte mich nicht zurück, mein Beschuldiger!

Rüge mich nicht durch die Rede
von den Löwen im Wald
oder den Schlangen im Tal,
denn meine Seele kennt keine Angst vor der Erde
und beachtet keine Warnung vor dem Bösen,
ehe das Böse eintritt.

Rate mir nicht, mein Beschuldiger,
denn Katastrophen haben mein Herz geöffnet,
und Tränen haben meine Augen gereinigt,
und Irrtümer haben mir jene Sprache beigebracht,
die aus den Herzen kommt.

Sprich nicht von Verbannung,
denn das Gewissen ist mein Richter,
und es wird mich rechtfertigen und beschützen,

wenn ich unschuldig bin,
und wird mir das Leben verweigern,
wenn ich ein Verbrecher bin.

Die Prozession der Liebe schreitet voran.
Die Schönheit schwenkt ihr Banner.
Die Jugend lässt die Trompete der Freude erschallen.
Störe nicht meine Reue, mein Beschuldiger.
Lass mich weitergehen,
denn der Weg ist übersät mit Rosen und Minze
und die Luft parfümiert mit Reinheit.

Erzähle nicht die Geschichten von Reichtum und
    Größe,
denn meine Seele ist reich an Gaben
und groß durch Gottes Ruhm.
Sage nichts über Menschen und Gesetze und
    Königreiche,
denn die ganze Erde ist mein Geburtsort,
und alle Menschen sind meine Brüder und Schwestern.

Geh fort von mir,
denn du raubst das Leben,
bietest Zerknirschung und
bringst überflüssige Worte.

Der Vorbote

Du bist dein eigener Vorbote, und die Türme, die du errichtet hast, sind nur der Grundstein für dein Mächtiges Selbst.

Und auch dieses Selbst soll ein Grundstein sein.

Und auch ich bin mein eigener Vorbote, denn der lange Schatten, der sich bei Sonnenaufgang vor mir erstreckt, wird sich zur Mittagsstunde unter meinen Füßen zusammenziehen.

Doch ein anderer Sonnenaufgang wird einen anderen Schatten vor mir ausbreiten, und auch dieser wird an einem anderen Mittag zusammengezogen.

Seit jeher sind wir unsere eigenen Vorboten und werden es immer sein. Und alles, was wir gesammelt haben und sammeln werden, wird nur eine Fülle von Samen sein für noch ungepflügte Felder. Wir sind die Felder sowie jene, die pflügen, die Sammler und das Gesammelte.

Als du ein wandelnder Wunsch im Dunst warst, war auch ich zugegen, ein wandelnder Wunsch. Dann suchten wir einander, und aus unserem Verlangen wurden Träume geboren.

Und Träume waren grenzenlose Zeit, waren Raum ohne jedes Maß.

Und als du ein stilles Wort auf den zitternden Lippen des Lebens warst, war auch ich mit dabei, ein weiteres stilles Wort. Dann sprach das Leben uns aus, und wir stiegen die Jahre hinab, pochend vor Erinnerungen an das Gestern, pochend vor Sehnsucht nach dem Morgen, denn das Gestern war besiegter Tod und das Morgen erstrebte Geburt.

Und jetzt sind wir in Gottes Händen. Du bist eine Sonne in seiner Rechten, ich bin eine Erde in seiner Linken. Doch scheinst du nicht heller als ich, der beschienen wird.

Wir, Sonne und Erde, sind nur der Anfang einer größeren Sonne und einer größeren Erde. Und immerzu werden wir der Anfang sein.

Du bist dein eigener Vorbote, du – der Fremde, der an meinem Gartentor vorbeigeht.

Und auch ich bin mein eigener Vorbote, obwohl ich im Schatten meiner Bäume sitze und regungslos wirke.

Mit dem Angesicht zur Sonne

Ihr, die mit dem Angesicht zur Sonne schreitet –
welche Bilder, auf die Erde gezeichnet, können euch
  halten?
Ihr, die mit dem Wind reist –
welche Wetterfahne soll euch den Weg weisen?
Welches Menschengesetz soll euch binden,
wenn ihr euer Joch zerbrecht,
nicht aber des anderen Gefängnistür?
Welche Gesetze sollt ihr fürchten, wenn ihr tanzt,
doch über niemandes eiserne Ketten stolpert?
Und wer soll euch vor Gericht stellen,
wenn ihr eure Kleidung vom Leib reißt,
ohne sie dem Nächsten zu hinterlassen?
Bewohner der Stadt Orphalese,
ihr könnt die Trommeln dämpfen,
ihr könnt die Saiten der Leier lockern –
aber wer sollte der Lerche befehlen,
nicht zu singen?

Tautropfen der Seele

Das Abbild der Morgensonne in einem Tautropfen ist nicht weniger als die Sonne.

Die Widerspiegelung des Lebens in deiner Seele ist nicht weniger als das Leben.

Der Tautropfen reflektiert das Licht, weil er mit dem Licht eins ist, und du spiegelst das Leben wider, weil du und das Leben eins sind.

Der Tautropfen, der seine Kugel rundet in der Abenddämmerung der Lilie, ist nicht unähnlich dir selbst, der du deine Seele sammelst in Gottes Herz.

Die Wurzeln dazwischen

Du bist nur ein Wurzelgeflecht zwischen
der dunklen Erde und den bewegten Himmeln.
Und oftmals habe ich dich aufsteigen sehen,
um mit dem Licht zu tanzen,
aber ich habe dich auch scheu gesehen.
Alle Wurzeln sind scheu.
So lange haben sie ihre Herzen verborgen,
dass sie nicht wissen,
was tun mit ihren Herzen.

Das Selbst ist ein Meer

Eure Herzen kennen im Stillen die Geheimnisse der Tage und der Nächte.

Aber eure Ohren dürsten nach dem Klang des Wissens in euren Herzen. Ihr wollt in Worten wissen, was ihr in Gedanken immer schon gewusst habt. Ihr wollt mit den Fingern den nackten Körper eurer Träume berühren. Und das ist gut so.

Die verborgene Quelle eurer Seele muss unbedingt emporsteigen und murmelnd zum Meer fließen. Und der Schatz eurer unendlichen Tiefen möchte den Augen offenbart werden. Doch wiegt diesen unbekannten Schatz nicht mit Waagschalen. Und ergründet die Tiefen eures Wissens nicht mit Messstab und Senkblei. Denn das Selbst ist ein Meer, grenzenlos und unermesslich.

Sagt nicht: »Ich habe die Wahrheit gefunden«, sondern lieber: »Ich habe eine Wahrheit gefunden.«

Sagt nicht: »Ich habe den Pfad der Seele gefunden«, sondern eher: »Ich bin der Seele begegnet, die auf meinem Pfad wandelt.«

Denn die Seele wandelt auf allen Pfaden.

Sie wandelt nicht auf einer Linie noch wächst sie wie Schilf. Die Seele entfaltet sich wie ein Lotus mit unzähligen Blütenblättern.

Die Sehnsucht nach dem
Mächtigen Selbst

Schade, dass die Hirsche den Schildkröten nicht Schnelligkeit beibringen können.

In der Sehnsucht nach eurem Mächtigen Selbst liegt eure Güte, und diese Sehnsucht ist in euch allen.

Aber in einigen von euch ist diese Sehnsucht ein reißender Strom, der mit Gewalt zum Meer stürzt und die Geheimnisse der Berghänge wie auch die Lieder des Waldes mit sich trägt.

In anderen hingegen ist sie ein flacher Wasserlauf, der sich in Windungen verliert, sich biegt und verweilt, ehe er das Ufer erreicht.

Doch lasst den, der sich heftig sehnt, zu dem, der sich wenig sehnt, nicht sagen: »Weshalb bist du langsam und zögerlich?«

Engel und Teufel

Auch ich werde besucht
von Engeln und Teufeln,
doch ich entledige mich ihrer.

Wenn es ein Engel ist,
spreche ich ein altes Gebet,
und er langweilt sich.

Wenn es ein Teufel ist,
begehe ich eine alte Sünde,
und er geht an mir vorbei.

Der Gesegnete Berg

Ihr mögt vernommen haben die Rede
vom Gesegneten Berg.
Er ist der höchste Berg in unserer Welt.

Würdet ihr den Gipfel erreichen,
hättet ihr nur einen Wunsch,
und der wäre, hinabzusteigen und
bei jenen zu sein, die
im tiefsten Tal wohnen.

Aus diesem Grund nennt man ihn
den Gesegneten Berg.

Gesang der Seele

In der Tiefe meiner Seele
ertönt ein wortloses Lied,
ein Lied, das im Innersten
meines Herzens lebt.

Es weigert sich, auf Pergament
zu verschmelzen mit Tinte.
Es hüllt meine Liebe in ein
durchscheinendes Gewand und fließt,
doch nicht auf meine Lippen.

Wie kann ich's seufzen?
Ich fürchte, es könnte sich mischen
    mit irdischem Äther.
Wem soll ich's singen?
Es wohnt im Haus meiner Seele
und fürchtet sich vor strengen Ohren.

Wenn ich in meine innren Augen blicke,
sehe ich den Schatten seines Schattens.
Berühre ich meine Fingerspitzen,
spüre ich seine Schwingungen.

Die Werke meiner Hände zeugen von
seiner Gegenwart,
so wie ein See widerspiegeln muss
die glitzernden Sterne.

Meine Tränen offenbaren es,
so wie helle Tautropfen
das Geheimnis einer
welkenden Rose offenbaren.

Es ist ein Lied,
aus stiller Betrachtung geschöpft
und vom Schweigen zum Klingen gebracht,
vom Lärm gemieden,
von der Wahrheit versiegelt
und von Träumen wiederholt,
von der Liebe begriffen,
vom Erwachen verborgen
und von der Seele gesungen.

Es ist das Lied der Liebe.
Welcher Kain, welcher Esau könnte es singen?
Es duftet betörender als Jasmin.
Welche Stimme könnte es unterjochen?

Es ist ans Herz gebunden
wie das Geheimnis einer Jungfrau.
Welche Saite könnte es erzittern lassen?

Wer wagt es, das Tosen des Meeres
zu vereinen mit dem Gesang der Nachtigall?

Wer wagt es, den heulenden Sturm
zu vergleichen mit dem Seufzer eines Säuglings?

Wer wagt es, jene Worte laut auszusprechen,
die allein das Herz von sich geben soll?

Welcher Mensch wagt es,
die Stimme zu sein
für den Gesang Gottes?

Titel der Originalwerke
in dieser Auswahl

Spirits Rebellious (1908) SR
The Broken Wings (1912) BW
A Tear and a Smile (1914) TS
The Procession (1918) TP
The Madman (1918) M
My Countrymen (1920) MC
The Forerunner (1920) F
The Prophet (1923) P
Sand and Foam (1926) SF
To Young Americans of Syrian Origin
(1926) YA
Jesus The Son of Man (1928) JSM
The Wanderer (1932) W
The Garden of the Prophet (1933) GP

Quellenhinweise

1 Dem Leben der Natur lauschen

Das Gesetz der Natur SR
Es sagte ein Grashalm M
Drei Hunde W
Schatten M
Gesang des Regens TS
Die Hyäne und das Krokodil W
Zwei Austern W
Bäume sind Gedichte SF
Die Rote Erde W
Der Vollmond W
Die Höchste Ameise M
Der Granatapfel M
Abgeschiedenheit SF
Lebendiges Wasser P
Andere Meere F
Der Fluss W
Genügsamkeit und Sparsamkeit SF
Das Lotusherz JSM. *Jonathan: Among the Water-lilies*
Der Schatten W
Die Schlange und die Lerche F. *The Scholar and the Poet*

Mit Sinnen, die ständig erneuert werden JSM.
A Philosopher: On Wonder and Beauty
Arbeit ist Liebe P
Brückenbauer W
Ansehen SF
Das Leben ist ein Festzug SF
Lied der Menschheit TS
Gesang im Schweigen GP
Bescheidenheit P
Dazwischen SF
Unwissenheit SF
Wenn du einem Freund begegnest P
Fremde dem Leben gegenüber SF
Leben ist Entschlossenheit MC
Sehnsucht SF
An amerikanische Immigranten aus
dem Nahen Osten (1926) YA

4 Die Jahreszeiten des Lebens

Sich mit den Jahreszeiten verändern BW
Keine Wunder jenseits der Jahreszeiten JSM.
Melachi of Babylon: An Astronomer
Jugend und Wissen SF
Jahreszeiten GP
Herbst und Frühling SF
Zeit P
Alle deine Stunden sind Flügel P
Sei dunkel SF

Auferstehung des Lebens JSM. *Nicodemus the Poet:*
On Fools and Jugglers
Ein Bruchstück SF
Das Größere Meer M
Die Wahrheit ist wie die Sterne SR
Hab Erbarmen mit mir, meine Seele TS
Vertrauen und Träume P
Das Größere Selbst F
Aufstieg SF
Kinder des Raumes P
Geh fort von mir, mein Beschuldiger TS
Der Vorbote F
Mit dem Angesicht zur Sonne P
Tautropfen der Seele GP
Die Wurzeln dazwischen GP
Das Selbst ist ein Meer P
Die Sehnsucht nach dem Mächtigen Selbst P
Engel und Teufel SF
Der Gesegnete Berg SF
Gesang der Seele TS

Über den Autor

Im Folgenden seien einige Daten aus dem Leben von Gibran Khalil Gibran wiedergegeben – so der vollständige arabische Name des Autors. Aufgrund eines Schreibfehlers bei der Anmeldung an seiner ersten Schule in den Vereinigten Staaten wurde aus dem ursprünglichen Vornamen »Khalil« versehentlich »Kahlil«.

1883: Geburt in Bischarri, einem Dorf im nördlichen Libanon.

1885: Gibrans Mutter emigriert mit ihren vier Kindern in die USA und lässt sich in Boston nieder – getragen von der Hoffnung, auf diese Weise Armut und Unglück in der Heimat zu entfliehen. Ihr Ehemann, inhaftiert wegen Betrug und Steuerhinterziehung, bleibt im Libanon.

1898: Gibran kehrt in den Libanon zurück, um sich an einer von Maroniten geführten Schule in Beirut auf das Studium in Arabisch, Arabischer Literatur und Französisch vorzubereiten. Angeblich soll er damit nach dem Willen seiner Mutter mancherlei schädlichen künstlerischen Einflüssen in Boston entzogen werden.

1902: Rückkehr nach Boston. Innerhalb von fünfzehn Monaten verliert er seine Mutter, seine Schwester und seinen Halbbruder, die an Tuberkulose sterben.

1904: Durch die Vermittlung des Fotografen Fred Holland Day lernt er Mary Haskell kennen, eine Schulleiterin, die seine Förderin, Muse, Lektorin und möglicherweise Liebhaberin wird. Er veröffentlicht mehrere Prosagedichte, die später unter dem Titel *A Tear and a Smile* (Eine Träne und ein Lächeln) zusammengefasst werden.

1908-1910: Dank der finanziellen Unterstützung von Mary Haskell besucht er in Paris die private Kunstakademie Académie Julian.

1911: Er siedelt nach New York über, wo seine enge Korrespondenz mit May Ziadeh beginnt, einer in Kairo ansässigen libanesischen Intellektuellen.

1918: *The Madman* (Der Narr), Gibrans erstes auf Englisch geschriebenes Buch, wird veröffentlicht.

1920: Zusammen mit anderen arabischen Schriftstellern, die in den Vereinigten Staaten leben, gründet er eine Literarische Gesellschaft namens *Al-Rabitah al-Qalamiyah*.

1923: *The Prophet* (Der Prophet) hat gleich nach seinem Erscheinen großen Erfolg. Er schließt Freundschaft mit Barbara Young, die später seine neue Muse und Lektorin wird.

1928: *Jesus The Son of Man* (Jesus Menschensohn) wird veröffentlicht.

1931: Mit 48 Jahren stirbt Gibran in einem New Yorker Krankenhaus an Leberzirrhose. Seinem Wunsch gemäß werden seine sterblichen Überreste 1932 in den Libanon überführt und in seiner Geburtsstadt Bischarri begraben. Ein altes Kloster wird erworben und zu einem Museum umgestaltet, das seinem Andenken gewidmet ist.

Diese eher nüchternen Tatsachen können der Vielschichtigkeit und Ruhelosigkeit in Khalil Gibrans innerem und äußerem Leben nicht gerecht werden. So erklärte Suheil Bushrui, einer seiner Biografen:

Je mehr über Gibran geschrieben wurde, je unzusammenhängender die Bilder waren, die Kritiker, Freunde und Biografen von ihm entwarfen, desto schwerer fassbar wurde der Mensch. Das ist teilweise auf Gibran selbst zurückzuführen. Er schrieb sehr wenig über das eigene Leben und erfand oder verschönerte in wiederkehrenden Momenten der Unsicherheit und »Unbestimmtheit« oft seine bescheidenen Ursprünge wie auch seine problematische Vergangenheit, zumal während der ersten Jahre, in denen ihm Anerkennung zuteilwurde. Diese Selbstperpetuierung seines Mythos – eine Neigung, der auch andere Schriftsteller wie Yeats und Swift folgten – war keine intellektuelle Unaufrichtigkeit, sondern ein Ausdruck des Wunsches im poetischen Geist, seine eigene Mythologie zu erschaffen (Bushrui 1998).

Eine zuverlässige Biografie findet sich auf der Webseite des Gibran National Committee: www.gibrankhalilgibran. org.

Wie Bushrui andeutet, stimmen die zahlreichen Biografien und biografischen Studien über Gibran keineswegs in allen Punkten überein. Sie ähneln eher den unterschiedlichen Stimmen in seinem Buch *Jesus The Son of Man* (Jesus Menschensohn), deren jede über die verschiedenen Facetten jener Person berichtet, welche die Höhen und Tiefen, die Lichter und Schatten eines vollkommenen menschlichen Lebens in sich vereinigte.

Abschließend sei eine Auswahl von Biografien und Sammlungen der Briefe Gibrans genannt:

Bushrui, S. / Jenkins, J., *Kahlil Gibran: Man and Poet*, Oxford: Oneworld Publ., 1998.

Bushrui, S. / Al-Kuzbari, S. H. (Hrsg. und Übers.), *Gibran Love Letters*, Oxford: Oneworld Publ., 1995.

Gibran, J. / Gibran, K., *Kahlil Gibran: His Life and World*, Boston: New York Graphic Society, 1974.

Hilu, V., *Beloved Prophet: The Love Letters of Kahlil Gibran and Mary Haskell and Her Private Journal*, New York: Alfred Knopf, 1972.

Naimy, M., *Kahlil Gibran: A Biography*, New York: Philosophical Library, 1950.

Waterfield, R., *Prophet: The Life and Times of Kahlil Gibran*, New York: St. Martin's Press, 1998.

Young, B., *This Man from Lebanon: A Study of Kahlil Gibran*, New York: Alfred Knopf, 1945.

Über den Herausgeber

Dr. Neil Douglas-Klotz ist ein renommierter Autor auf dem Gebiet der nahöstlichen Spiritualität sowie Experte für die Übertragung und Auslegung semitischer Sprachen – Hebräisch, Aramäisch und Arabisch. Ansässig in Schottland, leitet er das Edinburgh Institute for Advanced Learning und war viele Jahre lang Mitvorsitzender der Mystizismus-Gruppe der American Academy of Religion.

Neben den Tätigkeiten als Vortragsredner und Workshopleiter ist er Autor mehrerer Bücher. Zu seinen Arbeiten über die aramäische Spiritualität von Jesus, die teilweise auch auf Deutsch vorliegen, gehören *Prayers of the Cosmos*, *The Hidden Gospel*, *Original Meditation: The Aramaic Jesus and the Spirituality of Creation* und *Blessings of the Cosmos*. Seine Werke über eine vergleichende Betrachtung der »ursprünglichen« nahöstlichen Spiritualität beinhalten *Desert Wisdom: A Nomad's Guide to Life's Big Questions* sowie *The Tent of Abraham* (zusammen mit Rabbi Arthur Waskow und Schwester Joan Chittister OSB). Die Spiritualität der Sufis ist das Thema von *The Sufi Book of Life: 99 Pathways of the Heart for the Modern Dervish* und *A Little Book of Sufi Stories*. Die biografischen Sammlungen der Werke seiner Sufi-Lehrer sind *Sufi Vision and Initiation*

(Samuel L. Lewis) und *Illuminating the Shadow* (Moined-din Jablonski). Darüber hinaus hat er einen im Heiligen Land des ersten Jahrhunderts n. Chr. angesiedelten Kriminalroman mit dem Titel *A Murder at Armageddon* geschrieben.

Weitere Informationen über sein Schaffen enthält die Webseite des Abwoon Network www.abwoon.org, wie auch seine Seite auf Facebook: https://www.facebook.com/AuthorNeilDouglasKlotz/.

Khalil Gibran

Was unser Herz zum Singen bringt

Die Liebe verbindet uns Menschen. Sie macht uns glücklich, durch sie nehmen wir die Welt, unsere Mitmenschen und uns selbst mit offenem Herzen wahr. Mit den berührenden Geschichten, Parabeln und Gedichten des weltberühmten Poeten Khalil Gibran erfahren wir, wie wir diese tiefe Kraft in uns entdecken und zur Blüte bringen können.

978-3-7787-8297-2

Lotos